Market Design

［日］坂井丰贵 著
蔡晓智 译

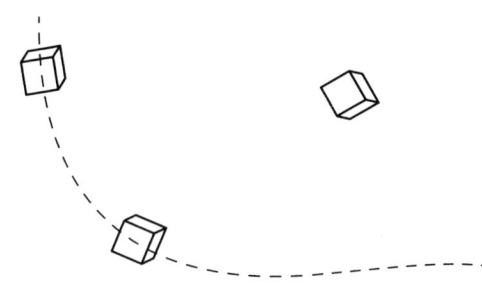

合 适

从升学择校、相亲配对、牌照拍卖
了解新兴实用经济学

江西人民出版社

前　言

日本人很喜欢"制造"这个词。听到这个词，很多人都会联想到手艺人和技术人员、街道工厂和工业区这些与制造业相关的东西。

的确，这些都与制造相关。制造出某个有形之物，是"物理上的制造"，但制造这个概念不仅仅适用于有形的物品。

本书讲的是市场设计这个新的经济学领域。可能对于很多人来说市场设计这个词并不耳熟，它是一门关于"经济学上的制造"的学问。

进行产品的开发和改良，诸如制造机器、改良粮食品种、制造符合人体工学的椅子，这些都属于典型的"物理上的制造"。

再好的东西如果不能交到能够有效利用它的人的手上，也不会产生价值，无法造福社会。

比如我没有驾照，所以性能再好、外形再漂亮的车，法拉利也好，劳斯莱斯也罢，于我都是无用之物。我因酒精过敏，享受不了酒的美味，偶尔收到名贵的酒会很过意不去。还有，我的肩膀和腰非常容易酸痛，在普通椅子上久坐的话身体就会疼痛。但正因如此，我更能深切体会到坐在符合人体工学的椅子上是多么舒适。

也就是说，"东西好"和"东西交给了合适的所有者"是完全不同的两件事。

那么怎样才能把物品交给合适的所有者呢？

让物品在市场上流通是一个方法，人们支付一定的金额就可以得到所需物品。这种方法很有效，很多经济学教科书都说它可以有效引导资源的分配。

但毋庸置疑，金钱不是万能的。例如几乎所有的国家都不允许器官和人身买卖；上高中、读大学的权利一般也不会拿来出售；虽然有劳动市场这个词，但是找工作时可能也没有企业会收钱减少面试次数，在公司里也无法买到课长或部长的职位。

这种情况下，一般意义上的"市场"就失去了用武之地。

经济学中经常会使用"市场失灵"（Market Failure）这个词。之所以要在发生灾害时采取对策对有生活困难的人进行公共援助，就是因为"市场失灵"。

其实"市场失灵"这种说法很草率，因为"市场失灵"的前提是：市场一般是有效的。而这一前提事实上并无根据。

当然，本书不认同这样的前提。因为包括市场在内的一切社会机制都类似于人们生活中使用的工具，工具当然不是万能的。幻想洗衣机有微波炉的作用、奢望电脑有吸尘器的功能，都是不明智的。

那无法用钱交换或者不该用钱解决问题时，怎样做才能使资源和人才得到更合理的配置呢？再进一步说，用什么"经济学上的制造"才能改善情况呢？

本书采用了这几个例子：

○**肾脏移植匹配**（第一章）

假设有一位肾病患者，因与为其提供肾脏的捐献者存在免疫排斥，而无法进行移植。但如果有很多患者和捐献者，就可以对患者和捐献者重组使其不存在排斥，也许就会有很多移植成为可能。怎样重组呢？

○**择校匹配**（第二章）

某地有几个学区，出于上学距离、校内霸凌等原因，有的学生希望可以进入其他学区的学校就读。每个学校都有名额限制，怎样才能满足他们的期望呢？

肾脏和入学名额都不能通过买卖来配置。所以本书将在第一章"肾脏移植匹配"中就患者和捐献者，在第二章"择校匹配"中就学生和学校的组合匹配进行探讨。

专门研究组合匹配问题的学术领域就是"匹配理论"。该理论是应用数学的一个分支，始于戴维·盖尔（David Gale）和罗伊德·沙普利（Lloyd S. Shapley）1962年发表的论文。也许有人听到数学就胆怯，其实大可不必。

这篇论文的题目很特别，叫作《高校招生与婚姻的稳定性》（College Admission and the Stability of Marriage），论文中一个公式都没有出现。

此后的匹配理论研究中的确用到了很多公式，但是几乎所有讨论的焦点都可以用非常简单的例子表述清楚。本书将以简单的例子和故事，直击匹配理论的本质。

顺便提一句，沙普利对匹配理论和市场设计的贡献受到称许，2012年他和阿尔文·罗斯（Alvin Roth）共同获得了诺贝尔经济学奖。

肾脏移植和择校匹配，都是以往的经济学从未涉足的问题，那么沙普利为何会凭借"市场设计"获得诺贝尔经济学奖呢？这是因为他用市场概念进行了"经济学上的制造"（在美国，肾脏移植匹配和择校匹配机制已经付诸应用）。

当然市场设计也面向允许货币交易的普通市场。但是市场良莠不齐，利用市场设计理论可以巧妙地设计出高质量的市场，这和以往的经济学有所不同。

比如本书中会研究下面这样的问题：

○拍卖（第三章）

假设政府计划出售某行业的经营许可执照。那么要怎样才能让能够对其进行有效利用的企业，出高价把它买走呢？拍卖是一个办法，那么与其他方式相比，拍卖又有什么优势呢？拍卖的方式多种多样，应该采用哪种呢？

在拍卖问题中，出售单一物品的情况是最简单的，但找到拍卖的最佳方式却并不简单。例如"出价最高的人中标"这种最普通的方式，买家都希望尽量以低价拍得，如果他们共同采取策略性操作，就可能出现意想不到的低价。

拍卖理论有着巨大的经济价值，采取不同的拍卖方式，销售额会出现上亿甚至上百亿的差额。美国从1994年开始采用拍卖的方式向电信运营商发放频谱执照，保罗·米格罗姆（Paul Milgrom）等拍卖理论专家精心设计了拍卖机制。截至2012年4月，由此提升的收益高达约780亿美元。

被誉为经济学鼻祖的经济学家亚当·斯密（Adam Smith）在他的主要著作《国富论》中将市场价格调节机制比喻为"看不见的手"，将市场视为神秘的黑箱。

在市场设计的研究者的眼中，市场并非黑箱。就如建筑师基于建筑学原理设计建筑物一样，经济学家根据经济学原理设计市场规则，让我们看到箱子的内部。

如今，市场设计受到多方注目，被作为前沿理论介绍的情况越来越多。这门理论确实很前沿，但它并非建立在对传统的否定之上，更确切地说，它的确立是传统经济学实用化的一个结果。

因市场设计的"市场"二字而担心该理论是"市场原理至上"，或是从"设计"二字联想到"计划经济"，都是错误的。这个领域思考的是脚踏实地对肾脏移植匹配、择校、拍卖等匹配机制做出切实的改善。我们的基本目标是通过坚持这种踏实的工作使社会变得越来越宜居。

19世纪70年代建立了现代经济学基础的里昂·瓦尔拉斯（Léon

Walras）对经济学的实用化十分关注。当然几乎所有的经济学领域都可以在实践领域发挥作用，但是市场设计更为实用而且效果显著。

  本书主要探讨了实用性很强的匹配问题和拍卖问题。第一章和第二章讨论匹配，第三章讨论拍卖。对拍卖感兴趣的读者可以直接阅读第三章。

  让我们一起来看看经济学技术的结晶吧！

目　录

第一章　卓有成效的匹配　1

　　交换肾源　2

　　这是个经济学问题？　12

　　如果每人只需要一个肾脏　14

　　什么样的算法能解决问题？　22

　　小算盘无效，说实话才是上策　31

　　从交换房间到挽救生命　35

　　小循环的局限　42

　　善良的撒玛利亚人　45

　　实际应用，效果如何？　51

第二章　实现两情相悦　59

　　怎样选上想去的研讨课　61

　　高校招生与婚姻的稳定性　62

　　不论谁"求婚"，单身者总是单身？　69

　　"求婚"方最好说实话　74

　　　　为实习医生安排就职医院　76
　　　　择校规则哪种好？　84
　　　　"只能申请一所学校"，问题出在哪？　101

第三章　怎样才能竞拍成功　103
　　　　频谱和拍卖　105
　　　　尝试卖出某项资产　107
　　　　拍卖的类型：公开式和密封式　109
　　　　竞拍者的出价策略　111
　　　　哪种方式能卖出高价？　116
　　　　最优拍卖与买家人数　118
　　　　第二价格拍卖和增价拍卖，选哪个好？　121
　　　　拍卖标的物价值不明　123
　　　　通过拍卖销售国债　125
　　　　怎样才能满足防策略性？　127
　　　　到底哪种方式好？　135
　　　　频谱拍卖的实践　138

后记　143
参考文献　145
出版后记　157

第一章
卓有成效的匹配

怎样把肾衰竭患者和肾脏捐献者匹配起来?学生们想换宿舍,怎样的分配方式最有效率?好的算法可以实现好的分配。

有时仅仅改变一下组合的方式，事情的进展就会出人意料地顺利。更换队员使团队更和谐、朋友之间交换想要的东西，或是在需要到同一个地方出差两次时将日程压缩为一天，这些都是例子。

改变组合并非增减什么，只是对已有的事物重新进行排列组合。

这种做法虽然简单却能让团队更好地发挥作用、得到想要的东西、更有效地利用时间。因此，改善组合对于推进事情的发展非常关键。

具体要怎样做呢？有没有已经确定的方法呢？本章以改变肾病患者和捐献者的配对组合为例探讨这个问题。

突然听到"肾脏"，也许有人会觉得莫名其妙：这本书是关于市场设计的，患者和捐献者的组合怎么会与经济学有关？到底经济学的世界里发生了什么？让我从肾脏开始说起。

交换肾源

人体有总长度超过10万千米的血管像网络一样遍布全身，血液在其中不断循环，将氧和营养物质输送到身体各处。

血液在循环过程中会不断积累废弃物，肾脏对血液进行过滤，将这些废弃物以尿液的形式排出体外。肾脏只有握紧的拳头大小，但每分钟就会有一升血液流过,是身体中流经血液量最大的脏器。

肾脏功能低于正常时的30%,就称为肾功能不全,功能极度低下的状态称为末期肾功能不全。末期肾功能不全就是尿毒症,如果任其发展将无法维持生命。

因此,末期肾功能不全的患者经常要做血液透析。透析是在血管中通入细管以将体内的血液引流到体外的人工肾机过滤、再引流回体内的疗法。这种疗法每次要花3到5小时,每周2到3次,非常费时。

日本的透析技术水平已世界领先,但效果却有限。透析患者要忍受肾功能低下引发的各种症状,同时严格控制水分及食物的摄入。

根据日本透析医学会的公报,2011年底日本国内有超过30万人接受透析。但是通过透析无法恢复肾功能,患者必须终身接受治疗。

这种情况下治本的疗法就是肾脏移植。一个人有两个肾,即使失去一个,生活(基本上)也不会有问题。所以如果有人愿意捐献一个肾给某个末期肾功能不全的患者的话,不仅患者可以得救,捐献者自己也不会有实质上的损害。这种做法称为活体移植。

也就是可以这样做:现在妻子患有末期肾功能不全,为了根治需要进行移植,丈夫愿意捐一个肾给自己的妻子。此时如果丈夫作为捐献者,将自己的肾移植到妻子体内,妻子就可以得救。

但是肾脏移植并非在任何人之间都可以进行。它和输血一样,对血型有这样的要求:

4　合适

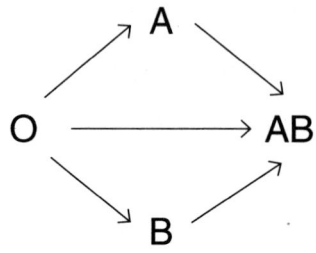

图1　肾脏移植的血型条件

- 捐献者和患者血型相同，可以捐献肾脏。
- O型捐献者可以给A、B、AB型患者提供肾脏，反之不可。
- A型和B型捐献者可以给AB型患者提供肾脏，反之不可。
- A型和B型不能互相提供肾脏。

上述条件称为血型相符条件（图1）。如果血型不相符却进行了移植，患者的身体会将捐献者的肾脏判断为异物，发生强烈的排异反应。

但是近年来在擅长肾脏移植的医院，即使血型不相符也可以采用有效的免疫抑制剂和高水平的医疗技术使移植成为可能（有关日本肾脏移植的情况后面我会谈到）。

除血型以外，患者和捐献者的相容性对能否进行移植及移植后的存活率也有影响。举个例子，如果患者的血液中含有对捐献者淋巴球的抗体，那么即使血型相符也无法进行移植。这种情况称为交叉配型阳性（淋巴球）。

此外，如果两人的HLA抗原和DR抗原接近，肾移植的存活率会增加。有的患者被称为"高致敏性患者"，适合他们的肾脏类型很少，很难找到适合他们的捐献者。

接下来，我们将针对以血型来判断是否适合肾脏移植的情况进行探讨。后文，我们把血型相合的患者和捐献者简称为"适合组（对）"（compatible pairs），反之简称为"不适合组（对）"。例如AB型患者和A型捐献者就是"适合组"，而A型患者和AB型捐献者就是"不适合组(对)"。

现在考虑一个不适合组："A型患者和B型捐献者"。以目前的情况来看，他们无论如何都不适合移植。但如果此时有两个以上的不适合组，情况就不同了。因为也许两个患者互相交换捐献者，就可成功配对。

例如有两个不适合组：

- A型患者和B型捐献者
- B型患者和A型捐献者

如果将捐献者对调，就变成：

- A型患者和A型捐献者
- B型患者和B型捐献者

这样，两组都成了适合组。这一构思看似是顺理成章的，但是它的首创简直就是一种发明。

世界上最早进行捐献者交换是在1991年，韩国延世大学医院以交换捐献者的方式，对两个不适合组进行了肾脏移植手术。

以朴基日（Kiil Park）博士为首的延世大学团队以此为开端，将不适合组的信息建立了数据库，进行患者和捐献者的交换。

朴基日博士和同事的做法被整理成论文，1999年发表在专业移植学术期刊《移植》（*Transplantation*）上。论文透露，移植的肾脏存活率很高。

延世大学医院为何会尝试交换捐献者呢？理由很简单，就是与期望接受肾脏移植的患者相比，肾源十分紧缺。

这里所说的"肾源"有两种。一种来自活着的捐献者，也就是从活体取得肾脏，即活体肾移植；另一种是从心脏死亡者或脑死亡者那里取得肾脏，称为捐肾移植。

捐肾移植通常从一个心脏死亡者或脑死亡者身上摘取两个肾脏，分别移植给两个患者。但是捐肾移植的数量实在太少，所以人们希望活体移植能够发挥更大的作用，这一想法促生了交换捐献者的构想。

继韩国之后，1999年瑞士巴塞尔大学医院、2012年美国约翰·霍普金斯大学医院也采取了同样的做法。

在此期间韩国完善了制度。根据朴基日博士2004年向《移植》投稿的论文，1995年至2003年韩国一共进行了978例活体移植，其中有101例通过捐献者交换项目实现，而且比例呈逐年上升趋势。

关于捐献者交换，朴基日博士等人的论文带给我们两点启示：

（1）3组以上的循环（图2）

当有3组以上的患者和捐献者时，在3组之间循环重组患者和捐献者可以增加适合匹配。例如下面这两个不适合组：

- O型患者和B型捐献者
- B型患者和A型捐献者

如果交换捐献者就成了：

- O型患者和A型捐献者
- B型患者和B型捐献者

现在，第一组仍旧是不适合，虽然第二组适合，捐献者交换仍然无法进行。

而此时如果加入"AB型患者和O型捐献者"，就有3组：

- O型患者和B型捐献者
- B型患者和A型捐献者
- AB型患者和O型捐献者

这个新加入的组合虽然血型相符，但出于其他原因——例如交叉配型阳性而无法进行移植。

但是如果这样重新分配3个捐献者：

8　合适

- O型患者和O型捐献者
- B型患者和B型捐献者
- AB型患者和A型捐献者

所有组合都是适合组。

这里AB型患者易于受肾、O型患者容易供肾的特性发挥了作用，3个不适合组都成为适合组。

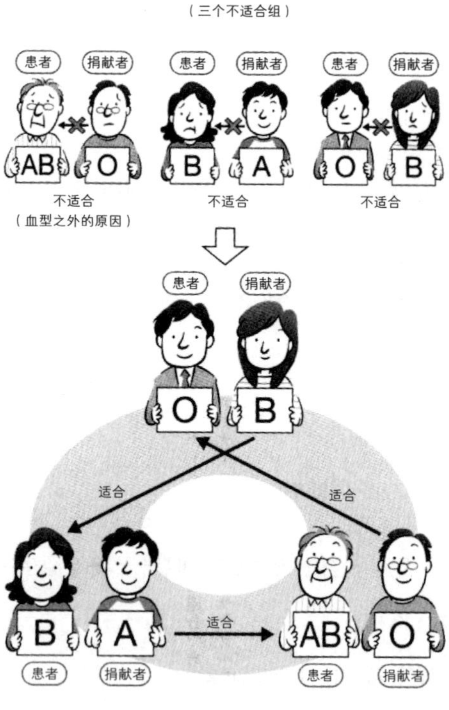

图2　3组以上的循环

（2）始于捐献者的链条（图3）

设现在有3个不适合组：

- O型患者和A型捐献者
- A型患者和B型捐献者
- B型患者和AB型捐献者

希望大家注意一点，O型患者和任何捐献者血型都不相符，也就是说无法将"O型患者和A型捐献者"这一组包含在内完成循环。

那么是否可以在剩下两组：

- A型患者和B型捐献者
- B型患者和AB型捐献者

之间进行交换呢？

即使交换为：

- A型患者和AB型捐献者
- B型患者和B型捐献者

前者仍然是不适合组，所以无法交换。也就是说这3组之间患者和捐献者无论怎样交换都不行。

但是如果此时出现了一个无偿捐献自己肾脏的O型捐献者，情况就变为：

- O 型捐献者
- O 型患者和 A 型捐献者
- A 型患者和 B 型捐献者
- B 型患者和 AB 型捐献者

这就等同于：

- O 型患者和 O 型捐献者
- A 型患者和 A 型捐献者
- B 型患者和 B 型捐献者
- AB 型捐献者

这样，像链条一样连起来，可以进行连环重组。也就是说会诞生3组适合组。而多出来的"AB型捐献者"今后可以作为其他链条的一环发挥作用。

朴基日博士的论文用图解的方式对循环式交换和链条式交换做出了说明。那如果有很多个不适合组，要怎样找到循环和链条呢？只有3组的话稍加思索就能找到，但如果有很多组，比如10组的话，就不能依靠直觉了。循环很难信手拈来，即使找到一个循环也无法判断它和其他可能的循环相比孰优孰劣。

此时就需要考虑，不依赖偶然和直觉，如何每次都能找到好的循环。也就是说，我们需要找到系统的解法，即计算机科学中所说的"算法"（algorithm）。当然也必须考虑究竟何谓"好的"循环。

第一章 卓有成效的匹配 11

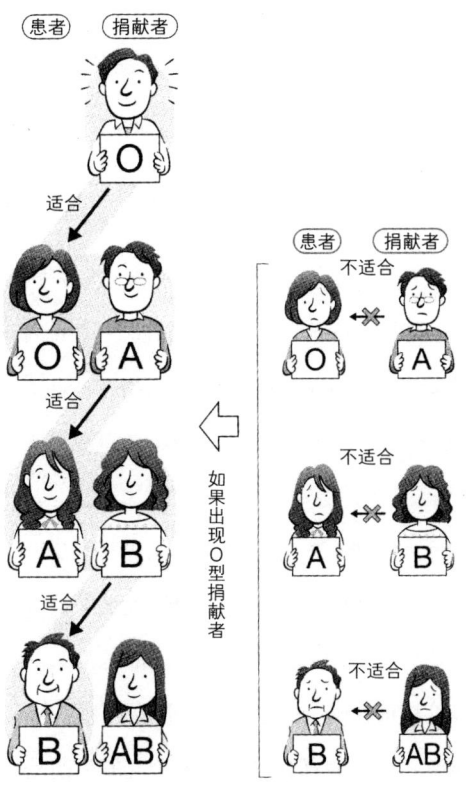

图3 始于捐献者的链条

此外，触发链条的充满爱心的捐献者会出现吗？如果出现的话，应该怎样构成链条呢？世界并不是个爱心泛滥的地方，所以当善意出现时更要尽可能做到物尽其用。因此我们需要算法，规划出最佳的匹配链条。朴基日博士等人的论文并未意识到这些技术性问题。

这是个经济学问题？

将患者和捐献者进行系统重组的做法称为"肾脏移植匹配"。

把肾脏移植匹配看作经济学问题，并首先采用匹配理论进行分析的是阿尔文·罗斯、森梅兹（Tayfun Sönmez）和云韦尔（Utku Ünver）。以他们的研究为开端，肾脏移植匹配研究取得了进展，朴基日博士等人的想法得以实现。

在讲解罗斯等人的研究内容之前，我们先来考虑一个问题：将本章开头提到的组合患者和捐献者的研究归到经济学中是否恰当呢？这个问题对于理解肾脏移植匹配乃至市场设计来说都是关键。

结论是，肾脏移植匹配完完全全是经济学问题。

之所以这样说，是因为肾脏移植匹配研究的问题是，如何在需求肾脏的患者和提供肾脏的捐献者之间实现供求平衡，这就意味着要在社会上合理有效地分配肾脏这种稀缺资源。

供求平衡这个概念从19世纪70年代里昂·瓦尔拉斯正式进行分析以

来，一直在经济学中发挥着核心作用，稀缺资源的分配问题也是一样。从这个意义上来说，肾脏移植匹配属于经济学的研究范围之内。

通常教科书会说经济学的核心理念是"市场会实现供求平衡"，与之相对，肾脏移植匹配等大量市场设计的研究，关注的是"怎样设计机制，才能实现供求平衡"。也就是说，这门学问是要从好的结果倒推出好的制度。这种思维方式也是市场设计这个学术领域的特点。

那么，肾脏移植匹配的特殊性在哪里呢？包括日本在内的几乎所有国家都禁止包含肾脏在内的器官买卖。既然不允许肾脏买卖，那么建立肾脏市场，通过交易的方式解决问题就不可能合法。

肾脏交易合法化的一个巨大隐忧就是在家庭处于弱势的人会被迫卖掉肾脏。类似地，在战前穷困的日本就曾出现过为了少张嘴吃饭而卖儿鬻女的情况。

另一方面，经济学中有所谓"机会成本"（Opportunity Cost）的概念：做出某个选择也就意味着放弃了其他选择可能带来的好处，这是一种潜在成本。

禁止肾脏交易的机会成本，包括原本可以得救的生命无法被拯救，以及完全无视靠卖肾才能生存下去的人的贫困等。所以说，不分青红皂白地全面禁止肾脏交易，也不见得是绝对正确的做法。

但是现在包括日本在内的所有发达国家（译者注：世界所有国家和地区）都完全禁止器官交易，而且大多数人都对此持支持态度。

既然事实如此，那么以此为前提，设计出让社会认同的机制就很重要。人们排斥器官买卖，但是很多人可以接受患者和捐献者交换，因此我们可以考虑交换的可能性。

Market Design 翻译过来就是"市场设计"，但是这里的"市场"不仅指普通市场。如前所述，市场设计中常常会使用市场思维，设计出使供求达到平衡的机制。

如果每人只需要一个肾脏

罗斯、森梅兹和云韦尔在2004年的《经济学季刊》（*The Quarterly Journal of Economics*）上共同发表了题为《肾脏交换》（Kidney Exchange）的论文。当时"市场设计"这个词尚未为学术界所熟知，谁都没有想到，经济学的智慧可以运用到肾脏移植上。

从理论上说，他们的肾脏移植匹配模型源于罗伊德·沙普利和赫伯特·斯卡夫（Herbert Scarf）所创的"住宅市场模型"。也许有人会想，肾脏移植为什么会和住宅扯上关系，这是因为肾脏和住宅在"每人只需一个"这一点上是一致的。

沙普利生于1923年，是加利福尼亚大学洛杉矶分校名誉教授。我在前言中提过，2012年他和罗斯共同获得了诺贝尔经济学奖。

斯卡夫生于1930年，是耶鲁大学名誉教授，开发了使用计算机找出市场均衡的算法，证明了以合作行为为特征的市场均衡极限定理。

他们以住宅市场模型为对象的论文《核与不可分割性》(On Cores and Indivisibility) 发表在1974年的《数理经济学》(Journal of Mathematical Economics) 上。

所谓住宅市场模型是这样的：现在有学生宿舍，入住了很多学生。每个学生有一个房间，各房间的位置、日照及房租等各项条件有所不同。

有的学生觉得"比起我现在的房间，还是那个房间更好"。比如有人会想："现在的房间日照是好，但是反正白天也不在房间里，暗一点也可以，我想换到房租便宜的房间。"还有人觉得："房租稍贵点也没关系，想换一个大点的房间。"

于是，对现有房间不满意的学生为了交换房间聚在一起。但是并不强迫来了就必须换，也不保证可以换到期望的房间。

这里最基本的约定是保证每个人都不会换到比现在更不满意的房间这一最基本条件。该条件称为**个体合理性**（Individual Rationality）。

如果把这一情况与肾脏移植匹配相对照，学生就相当于患者，房间就相当于捐献者，现在所住的房间相当于不适合的捐献者，比现在的要好的房间相当于适合的捐献者。个体合理性条件意味着"不会和不适合的捐献者配对"。

接下来我们通过简单的例子来说明住宅市场模型。现在有四个学生1、2、3、4，各自在学生宿舍有自己的房间。为了使问题简化，每个学生现在所住的房间以该学生的名字命名。也就是说,现在学生1住房间1,学生2住房间2,学生3住房间3,学生4住房间4。他们都对现在的房间不满意,并且按照自己的个人好恶,为4个房间(房间1、2、3、4)排了优先次序。

学生 \ 排序	第一位	第二位	第三位	第四位
1	4	3	2	1
2	3	4	2	1
3	2	4	1	3
4	3	2	1	4

来看一下这个表格,对于学生1来说排序是这样的:最好的是房间4,其次是房间3,第三位是房间2,第四位是房间1。这个排序称为偏好(Preference)。

在此例中,要满足"所有人都不会换到比现在更不满意的房间"这一个体合理性条件,十分容易。因为原本学生1、3、4就住在自己最不喜欢的房间,所以也就不可能换到比现在更不满意的房间。也就是说这里的个体合理性仅仅是要求学生2不会换到房间1去。满足这项条件的学生和房间的组合有很多,那么在这些组合中应该如何选择呢?

我们将后文对学生和房间的重新组合称为分配(Imputation)。我们先考虑这样一组分配:

分配A:学生1住房间3,学生2住房间4,学生3住房间1,学生4

住房间2

分配A满足了个体合理性，但是该分配仍然有改善的余地。因为如果学生1和学生2在此基础上交换房间，他们都能换到最理想的房间。

也就是说：

分配B：学生1住房间4，学生2住房间3，学生3住房间1，学生4住房间2

优于分配A，这称为分配B对分配A进行了**帕累托改进**（Pareto Improvement）。

让我们在偏好表中，将分配A用□、分配B用○圈起来确认一下。

排序 学生	第一位	第二位	第三位	第四位
1	④	③	2	1
2	③	④	2	1
3	2	4	①	3
4	3	②	1	4

分配A用□表示，分配B用○表示

分配A被分配B帕累托改进。像这样，如果某个分配会被别的分配帕累托改进，就说明在不会使任何人处境变差的情况下，还有余地让某个人的情况变好，也就是说，资源没有处在最优分配的状况，尚未得到最好效率的利用。就拿分配A来说，它仍有通过交换来改善状况（既不给学生3、4带来不好的影响又可以让学生1和2更幸福）的余地。

已经没有空间进行帕累托改进的分配，被称为达到**帕累托最优**（Pareto Efficiency），分配A就没有达到帕累托最优。

学生们都想换到更理想的房间，所以，寻找满足帕累托最优的分配十分合理。那么分配B同时满足了个体合理性和帕累托最优，我们就应该选择它吗？事情并非如此简单，因为还存在同时满足个体合理性和帕累托最优的其他分配。

例如：

分配C：学生1住房间4，学生2住房间3，学生3住房间2，学生4住房间1

很容易确定它同时满足个体合理性和帕累托最优。

而且分配B和分配C之间相互不存在帕累托改进关系。因为对于学生1和2来说，分配B和C一样，对于学生3来说分配C更好，而对于学生4来说分配B更好。[1]让我们在和上面同样的表格中将分配B用○、分配C用△圈起来确认一下。

---

[1] 用分配C代替分配B，虽然学生3的境况改善了，学生4的境况却恶化了，所以分配C并不是分配B的帕累托改进。反之同理。

学生 \ 排序	第一位	第二位	第三位	第四位
1	⚠	3	2	1
2	⚠	4	2	1
3	⚠	4	①	3
4	3	②	⚠	4

分配B用○表示，分配C用△表示

那么分配B和分配C应该选择哪一个呢？我们来考虑一个新的判断标准。

如果采用分配B，学生2得到了房间3，学生3得到了房间1。但是当大家决定"那就选分配B吧"的时候，学生2和3两人说"我们还是不参加了"，抢在大家前头只在他们两人之间交换房间，这样学生2就可以得到房间3，学生3得到房间2。

和分配B相比，这样做学生2仍然分得房间3，这一点没有变化，但是学生3可以得到（比房间1）更令其满意的房间2。这次抢先交换，学生2无损无得，但是如果他和学生3关系好，或者偷偷从他那里收了钱的话，这样的私下协议就可能会发生。像这样由小集团发起的私下协议，称为阻止（Block）。

也许可以事先规定禁止"阻止"。但是如果这样的话，学生2和3可能从一开始就不会参加房间交换。参与者减少，交换的选择面就会变窄，效果就不理想。

不会发生阻止的分配称为**强核配置**（Strong Core Allocation），它具备两个优点。

首先从定义上来说，一旦确定"用这个分配（强核配置）"，就不可能发生私下协议。

不可能发生私下协议，也就意味着这个分配会给予全体成员通过任何协议都无法实现的高度满足，这也意味着学生参与交换不会失去什么。

也就是说强核配置可以有效地防止"阻止"，而且具有公平性。

在这个例子中，分配C是强核配置，不存在其他强核配置。

再进一步说，强核配置必然满足个体合理性和帕累托最优。因为个体合理性要求"不会有某个人因退出分配而受益"，帕累托最优要求"所有参与者作为一个整体不会因私下协议而受益"。而强核配置要求"无论某个人还是所有人，都不存在通过退出分配或私下协议而受益的可能"，所以强核配置必然满足个体合理性，而且满足帕累托最优。

下面强调两个关于强核配置的重要事实：

- **事实1** 强核配置一定存在。也就是说，无论有多少学生，他们的偏好如何，以实现强核配置为目标都是有意义的。

- **事实2** 强核配置一定唯一。这个结果让人意外，因为人们通常会觉得如果学生很多的话分配整体的数量也会变大，所以分配的数量应该也会增加。但是住宅市场模型中，强核配置在任何时候都是唯一的。也就是说要实现强核配置，不需要犹豫选择哪一个强核配置。

事实1由沙普利和斯卡夫在1974年发表的论文中证明，事实2由罗斯和安德鲁·波斯尔思韦特（Andrew Postlethwaite）1977年刊登在《数理经济学》上的论文中揭示。

罗斯当时是刚刚取得博士学位的年轻研究人员。他在理论实践层面的研究获得了较多褒奖，其实他在基础理论研究方面也做出了很多重要贡献。

通过上述两个事实我们可以知道，在住宅市场模型中强核配置永远是唯一的。但不能轻易说那就选强核配置吧，因为存在一个很大的问题：要选择强核配置必须先找到它。

"某个事物存在"和"有找到它的方法"是两回事。知道有德川宝藏[①]在，但是不知道在哪里，还是不能解决问题。

在住宅市场模型中，分配表示学生和房间的组合。

假设现在有 n 个学生（和 n 个房间），分配的方式就有 n 的阶乘 $n!=n\times(n-1)\times\cdots\cdots\times2\times1$ 种。

这个数字会随着人数的增加而迅速增大。当只有3个学生时分配方式不过6种而已；但如果有10个学生的话，分配方式就会超过360万种。要逐一确认超过360万种的分配方式是否是强核配置，工作量很大。

有10个学生时，结盟成小集团的方式会超过1000个。所以哪怕仅仅针对一种分配方式，要确认其是否是强核配置也是非常困难的，花费时间做这样一一检视很不现实。

[①] 传说德川幕府在幕末时期秘密埋藏的金银宝藏。——译注

解决这个问题的方法是由戴维·盖尔发明的最适交易循环算法（Top-trading Cycles Algorithm，以下称为TTC算法）。

什么样的算法能解决问题？

戴维·盖尔是一名数学家，生于1922年，长期任加利福尼亚大学伯克利分校教授，2008年去世，终年86岁。虽然盖尔是一个数学家，但是他的研究也涉及很多博弈论、经济学等社会科学方面的内容。1980年，他获得了运筹学方面的最高奖项——冯·诺依曼奖。

盖尔发明的TTC算法1974年首次在沙普利和斯卡夫的论文中以"该内容由盖尔首创"的形式公开发表。

因为不是登载在盖尔自己的论文中，所以在写与TTC算法有关的书或者论文时，总要先说明"由盖尔编写的TTC算法"，然后引用沙普利和斯卡夫的论文（本书也是如此）。

可能当时盖尔自己也没太意识到该算法的里程碑意义吧。

TTC算法是在极短的时间内找到强核配置的算法。我们通过下面这个7个学生交换房间的例子来看看该算法是否有这样的威力。

学生＼排序	第一位	第二位	第三位	第四位	第五位	第六位	第七位
1	5	6	7	1	2	3	4
2	3	4	5	6	7	1	2
3	4	5	2	7	1	3	6
4	1	2	3	4	5	6	7
5	4	5	2	3	6	7	1
6	7	1	2	3	4	5	6
7	1	7	4	5	6	3	2

大家能一眼望去就找到强核配置吗？我在上课时经常提这个问题。要找到很难，一般来说找不到。之前最常听到的学生答案是"学生1住房间6，学生2住房间3，学生3住房间5，学生4住房间2，学生5住房间4，学生6住房间7，学生7住房间1"（下表中用□标出）。

学生＼排序	第一位	第二位	第三位	第四位	第五位	第六位	第七位
1	5	[6]	7	1	2	3	4
2	[3]	4	5	6	7	1	2
3	4	[5]	2	7	1	3	6
4	1	[2]	3	4	5	6	7
5	[4]	5	2	3	6	7	1
6	[7]	1	2	3	4	5	6
7	[1]	7	4	5	6	3	2

经常被错认为是强核配置

这个分配中所有人都可以住在对自己来说满意度排在前两位的房

间，看起来确实不错。我每次听到这个答案时也都很佩服能找到这个分配的学生，觉得他很聪明。

但实际上这是一个圈套：该分配并非强核配置。因为如果像下表中画○的那样，学生1、4、5抢在全体前面仅在他们3个人之间进行交换：学生1住房间5，学生4住房间1，学生5住房间4——这样做对他们来说更有利（学生5没有变化）。

排序 学生	第一位	第二位	第三位	第四位	第五位	第六位	第七位
1	⑤	6	7	1	2	3	4
2	3	4	5	6	7	1	2
3	4	5	2	7	1	3	6
4	①	2	3	4	5	6	7
5	4	5	2	3	6	7	1
6	7	1	2	3	4	5	6
7	1	7	4	5	6	3	2

并非强核配置

那怎样才是强核配置呢？

答案是："学生1住房间5，学生2住房间3，学生3住房间2，学生4住房间1，学生5住房间4，学生6住房间6，学生7住房间7（下表中的○）"。强核配置是唯一的，再无其他。

学生＼排序	第一位	第二位	第三位	第四位	第五位	第六位	第七位
1	⑤	6	7	1	2	3	4
2	③	4	5	6	7	1	2
3	4	5	②	7	1	3	6
4	①	2	3	4	5	6	7
5	④	5	2	3	6	7	1
6	7	1	2	3	4	5	⑥
7	1	⑦	4	5	6	3	2

强核配置

现在有7个学生，分配方式总共有7的阶乘——5040种。但在强核配置之外还有5039个组合，无论哪一个都必然会发生某个小集团结盟。考虑到这一点，它的唯一性仍然成立就让人很吃惊。

刚才提到的那个经常被错认为是强核配置的解，看起来确实不错，就连我也这么觉得。一直盯着偏好表看，的确会感觉这个分配很好。但问题是"哪一个是强核配置"？所以它并非正确答案。光用眼睛看很难得到正确答案，需要严谨的解法。

面对这类问题，TTC算法就是解法。采用TTC算法来寻找，比盯着看还要多花费一些时间。但是这个算法结构简单，普通人也能理解。

顺便说一句，我在美国留学时曾经用拙劣的英语向50来岁的主妇们解释这种算法，她们也能理解。当时我的英语很差，甚至"but"的音都发不好（后来稍有进步）。那为什么还可以表述清楚呢，就是因为该算法的构成就像人的动作一样，很容易用感觉来理解。

那么TTC算法是如何寻找强核配置的？我们以上页的偏好表为例逐步讲解：

○第一轮

每个学生用手指出对自己来说排在首位的房间，这里用箭头表示"用手指"，就是：

1→5

2→3

3→4

4→1

5→4

6→7

7→1

例如1→5，就是学生1指了房间5。把箭头连起来就会发现一个闭合循环：

1→5→4→1

所谓循环，顾名思义就是开头和结尾相同的一串箭头的连接。箭头指向想要的东西，按照这个循环分配给学生1房间5，学生5房间4，学生4房间1。这样学生1、4、5的房间确定，他们离开。

○ 第二轮

现在剩下的学生是2、3、6、7,他们也指出了剩下房间中自己最满意的房间:

2→3

3→2

6→7

7→7

用箭头连接起来就得到循环

2→3→2

7→7

7→7很短,但也是一个完整的循环。和第一轮一样,分给学生2房间3,学生3房间2,学生7房间7。

这样学生2、3、7的房间确定,他们离开。

○ 第三轮

现在只剩下学生6,他也要指出剩下房间中自己最满意的房间。但是现在只剩下房间6,所以他只能指6,也就是6→6。

学生6被分配了房间6,他也离开了,算法到此结束。将上述结果归纳如下,这就是强核配置。

学生	房间
1	5
2	3
3	2
4	1
5	4
6	6
7	7

强核配置

这个例子经过三轮算法结束。在TTC算法中，无论偏好如何，每一轮必定会形成一个循环，所以每次最少会有一个人离开。

也就是说，如果有n个学生，无论花费多少时间，最多经过n轮，所有人就一定会离开，TTC算法结束。

前面说过，有n个学生参与时分配的方法共有n的阶乘$n!$种，随着n增大，分配方法也会迅速增加。而在实际运用TTC算法时所需要的最多步骤，往往和学生数相等，也是n。

也就是说即使参与者的范围不断扩大，但计算所需的时间增加有限，可以说这个算法的运算速度很快。

我们再来看一个例子熟悉一下TTC算法，这个例子在下节的讨论中还会用到。

排序 学生	第一位	第二位	第三位	第四位	第五位	第六位
1	3	6	1	2	4	5
2	1	6	2	3	4	5
3	2	6	5	1	3	4
4	3	1	6	2	5	4
5	4	1	2	6	3	5
6	4	1	2	3	5	6

○ 第一轮

每个学生指出对自己来说排在首位的房间：

1→3

2→1

3→2

4→3

5→4

6→4

用箭头连接起来就找到循环1→3→2→1。于是学生1得到房间3，学生3得到房间2，学生2得到房间1，他们离开。

○ 第二轮

现在剩下的是学生4、5、6，这些学生在剩下的房间中指出自己最满意的房间：

4→6

5→4

6→4

用箭头连接起来会得到循环4→6→4,于是学生4得到房间6,学生6得到房间4,他们离开。

○第三轮

此时剩下的只有学生5了,他指了房间5,循环就是5→5,学生5得到了房间5离开。

所有人都离开了,算法结束。将以上结果归纳如下,就是唯一的强核配置。

排序 学生	第一位	第二位	第三位	第四位	第五位	第六位
1	③	6	1	2	4	5
2	①	6	2	3	4	5
3	②	6	5	1	3	4
4	3	1	⑥	2	5	4
5	4	1	2	6	3	⑤
6	④	1	2	3	5	6

强核配置

小算盘无效，说实话才是上策

在TTC算法中，学生们在报告最满意的房间时会不会考虑"那个房间确实最好，但是人气最高，还是退而求其次选择其他房间吧"呢？换一种说法，就是选择策略性地隐瞒自己真实的偏好，做虚假的报告。这样的做法是否为上策呢？

来看一个小选区制选举的例子。有的选民为了避免自己的选票不能发挥作用，常常避免将票投给胜算不高的政党。"其实最喜欢这个候选人，但是他很难胜出，还是投给仅次于他的有可能获胜的候选人吧。"

因为选举规则是多数获胜，诚实地投票未必是上策。TTC算法会不会也可能发生同样的情况，也就是说有时不表露出最想要的而是选择第二第三满意的房间反而会更有利呢？

实际上只要使用这个算法，就完全不存在通过虚假报告而获利的可能。TTC算法所具备的这种性质称为防策略性（strategy-proof），已被罗斯证明。

让我们用刚才的例子确认一下虚假报告无法得利。我们将使用TTC算法得到的结果用〇标出。

32 合适

排序 学生	第一位	第二位	第三位	第四位	第五位	第六位
1	③	6	1	2	4	5
2	①	6	2	3	4	5
3	②	6	5	1	3	4
4	3	1	⑥	2	5	4
5	4	1	2	6	3	⑤
6	④	1	2	3	5	6

强核配置（再次列出）

面对这个结果，最失望的是和任何人都无法交换的学生5。那么如果他在某一轮中假意选择其他房间就能得到别的房间吗？依然不可以。

现在我们先回顾一下TTC算法的过程，学生5在第一轮中选择了房间4却没有得到，在第二轮中选择了房间6却还是没有得到，在第三轮中得到（原本就是自己的）房间5。

观察这个过程，是不是会觉得学生5即使无法得到在第一轮中就被分走的房间1和房间2，也该有机会获得第二轮中还剩下的房间6呢？

他不会如愿。如果学生5在第一轮中就指了房间6，第一轮就是：

1→3

2→1

3→2

4→3

5→6

6→4

从学生5开始寻找循环：

5→6→4→3→2→1→3

我们可以看出，学生5无法形成循环。与此同时，学生1、2、3在这一轮已经形成循环并退出。

于是学生4、5、6进入了第二轮，就像之前的那样，原本就是：

4→6

6→4

的情况，形成：

4→6→4

的循环。

也就是说在学生5指定房间6的时候结果就已经确定了，那就是分到房间5。这时即使选择了其他房间，比如说比（排在第6位的）房间5稍微满意一些的房间3，结果也是一样。

这只是其中一个例子。使用TTC算法，任何时候都不可能通过虚假报告而得利。

这一特性——防策略性能够成立,也就意味着对任何人来说如实报告都是最佳策略。不需要额外考虑策略性的选择,不会被谁的策略性操作所操纵,结果也不会被运气决定。

但是实际上遇到运用TTC算法的情况时,不能太期望大家都能注意到这种算法具有防策略性。在数学上证明防策略性是很费工夫的,人们当然也不会轻易注意到。

因此在实际运用中最重要的是主持者要郑重宣布:"防策略性成立,请您放心按照自己的真实想法指定。"不只是TTC算法,实际运用具有防策略性的其他规则时,让大家都知道这一点也非常重要。

至此,先让我澄清一下定义。下文将把"基于各人偏好组合的分配函数(分配方式)"称为**规则**(Rule)。例如"强核规则",指的就是无论面对何种偏好组合,都会选择强核配置的规则。

强核规则满足防策略性,前面也已经阐述过强核规则满足帕累托最优和个体合理性。归纳一下就是强核规则满足防策略性、帕累托最优和个体合理性。

有一个问题:除了强核规则之外还有没有同时满足防策略性、帕累托最优和个体合理性的规则呢?

解开这个问题的是罗格斯大学的副教授马金朋(Jinpeng Ma)。他在1994年发表在《国际博弈论》(*International Journal of Game Theory*)上的论文中证明,强核规则之外不存在这样的规则,也就是说强核规则是满足这三项条件的唯一规则。像这样，在数学上证明某个规则是满足几个性质的唯一规则，称为公理性特征证明。

潜在的规则数不胜数，但是如果同时要求满足防策略性、帕累托最优和个体合理性的话，强核规则会是保留下来的唯一的可能选项。反过来说，如果要选择强核规则之外的规则，在防策略性、帕累托最优和个体合理性这些条件中必须放弃至少一项。所以公理性特征证明是支持选择强核规则的最强有力的证据。

从交换房间到挽救生命

住宅市场模型简单有趣，但实际应用中与之相符的情况少之又少。特别是日本不同于美国，住在学生宿舍的学生不多，所以房间交换的话题很难引起共鸣。

沙普利和斯卡夫1974年的论文发表后很长一段时间，即使是在学术界，住宅市场模型也没被视为具有高度实用性的研究课题。

相对于经济学关心的其他课题，房间交换只是一个很小的课题，比起财政政策、金融政策、增长战略及社会保障等重大课题而言，它会让人觉得无关紧要。

继续研究这个"无关紧要"的问题的是出生于土耳其的研究人员阿提拉·阿布杜卡迪罗古路（Atila Abdulkadiroğlu）和森梅兹等人，他们对住宅市场模型进行了补充和扩展，这一课题后来又和肾脏移植匹配联系起来。

通常的市场模型，只考虑在已有房间的学生（住户）之间进行房屋交换的问题。而阿布杜卡迪罗古路和森梅兹不只考虑现有住户，还将空房间和新的宿舍入住者纳入研究，对住宅市场模型做了补充，同时也对TTC算法进行修正以使其在新的情况下发挥作用。

他们的论文题目是《有住户时的住宅分配》(House Allocation with Existing Tenants)，公开发表在1999年的《经济学理论》(*Journal of Economic Theory*)上。

我在前面说过，学生宿舍房间交换在用经济学处理的课题中只是细枝末节。为了让只能解决这种交换问题的住宅市场模型能够解决更大的问题，一般经济学家可能会将其扩展到不动产市场上。

但是森梅兹他们不这样考虑，而是把学生宿舍房间交换作为一个特例，深入研究和修正算法。从他们的论文标题"有住户时的住宅分配"中可以感受到他们的雄心壮志。

回到肾脏移植匹配的话题，有住户时的住宅分配问题对应到肾脏移植匹配中可以这样理解：

- 住户＝患者
- 住户的房间＝针对某个特定患者的捐献者
- 空房间＝捐肾（例如死者捐献的肾脏）
- 新的入住者＝没有捐献者的患者

但是肾脏移植匹配与有住户时的住宅分配问题不同,存在其特殊性。最重要的一点就是空房间(捐肾)的数量很少,另外捐肾不是一开始就有的,而是偶尔有人提供的。

罗斯等人将TTC算法普及到肾脏移植匹配的应用中,该想法根据阿布杜卡迪罗古路和森梅兹所创的修正版TTC算法而来。下面介绍一下他们所创的修正版算法:现在已经拥有自己的房间的是学生1、2、3、4;要新入住的是学生5、6、7,空着的是房间5、6、7,学生们的偏好如下表所示:

学生 \ 排序	第一位	第二位	第三位	第四位	第五位	第六位	第七位
1	5	6	7	1	2	3	4
2	3	4	5	6	7	1	2
3	4	5	2	7	1	3	6
4	1	2	3	4	5	6	7
5	4	5	2	3	6	7	1
6	7	1	2	3	4	5	6
7	1	7	4	5	6	3	2

可能有人会简单地认为,可以不管那些已经入住的学生,仅需要考虑将房间5、6、7分配给学生5、6、7即可。但是这种做法会使分配缺乏效率。

例如分配给学生5房间5、学生6房间7、学生7房间6,在得到的分配上画○就是下表：

学生\排序	第一位	第二位	第三位	第四位	第五位	第六位	第七位
1	⑤	6	7	①	2	3	4
2	3	4	5	6	7	1	②
3	4	5	2	7	1	③	6
4	①	2	3	④	5	6	7
5	④	⑤	2	3	6	7	1
6	⑦	1	2	3	4	5	6
7	1	7	4	5	⑥	3	2

这个结果不满足帕累托最优。因为如果学生1、4、5在此基础上交换房间，像口所示的那样，那么在所有人都可以变得更幸福的同时，也不会有人的情况变差。也就是说从一开始就将现有住户包含在内考虑如何分配房间的做法，对所有人来说都能得到更满意的房间。

与沙普利和斯卡夫的住宅市场模型的不同之处在于学生5、6、7一开始并没有自己的房间。这种情况下随机抽签选择空房间的优先顺序是学生5、6、7。

第一位	第二位	第三位	第四位	第五位	第六位	第七位
5	6	7	1	2	3	4

抽签的优先顺序

可能还有已有房间的住户希望搬到空房间，他们也要参与抽签，假设他们抽签的优先顺序为1、2、3、4，但排在新入住的人后面。也就是说对于空房间，按照入住者5、6、7、1、2、3、4的顺序挑选。可归纳为上表。

这个顺序只是举一个例子，实际上怎样决定都可以。但是符合常识的做法是这样的：

- 将新入住的人排在已经入住的人前面
- 对新入住的人通过抽签决定顺序，现在已入住的人也一样

接下来我们一边修正TTC算法，一边使用它。在此过程中，学生选定房间，房间也指定学生。房间按照以下规则指定学生：

- 规则1　现已有人住的房间，指定该既有住户。
- 规则2　现在空着的房间，按照指定优先顺序最高的学生。

另外为了在书写上严格区分学生和房间，我们用画上方框的数字表示房间（例如 1 就是房间1）。

准备说明完成。与沙普利和斯卡夫的住宅市场模型相比，这个模型更复杂，例如也让房间指定住户，等等。接下来在运用算法的过程中大家就会明白这些多出来的设定的意义。

○第一轮

每个学生指出自己最满意的房间，房间按照规则1和规则2指定学生：

1→5　　　1→1

40　合适

2→3̄　　2̄→2

3→4̄　　3̄→3

4→1̄　　4̄→4

5→4̄　　5̄→5

6→7̄　　6̄→5

7→1̄　　7̄→5

形成了循环 1→5̄→5→4̄→4→1̄→1，

按照这个循环，学生1得到房间5，学生5得到房间4，学生4得到房间1，他们可以退出了。

○第二轮

现在剩下学生2、3、6、7，房间2、3、6、7。学生指出其中自己最满意的房间，房间按照规则1、2指定学生：

2→3̄　　2̄→2

3→2̄　　3̄→3

6→7̄　　6̄→6

7→7̄　　7̄→6

形成两个循环：

2→3̄→3→2̄→2

6→7̄→6

按照该循环,学生2得到房间3,学生3得到房间2,学生6得到房间7,他们也可以退出了。

○第三轮

现在只剩下学生7和房间6,指定是:

7→⑥　　⑥→7

形成循环7→⑥→7

学生7得到了房间6,演算过程结束。

归纳一下以上结果:

学生＼排序	第一位	第二位	第三位	第四位	第五位	第六位	第七位
1	⑤	6	7	1	2	3	4
2	③	4	5	6	7	1	2
3	4	5	②	7	1	3	6
4	①	2	3	4	5	6	7
5	④	5	2	3	6	7	1
6	⑦	1	2	3	4	5	6
7	1	7	4	5	⑥	3	2

阿布杜卡迪罗古路和森梅兹对TTC算法进行了上述修正,即使出现空房间(房间5、6、7)和新入住者(学生5、6、7)也可以应用。

对应到肾脏移植匹配中是这样的:

- 学生1到学生4=有捐献者的患者
- 房间1到房间4=学生1到4的捐献者

- 学生5到7=没有捐献者的患者
- 房间5到7=捐肾（例如死者捐献的肾脏）

但是捐肾的数量并不充足，所以患者无法马上获得捐肾。因此他们实际上得到的不是捐肾，而是列入等待捐肾的患者名单（靠前位置）的权利。

这里采用的不是原始的TTC算法，而是它的修正版。在市场设计的实际运用中很少有原封不动采用某个著名算法的情况，因为需要考虑捐肾逐个出现这一特殊情况。

这类似于建造房屋时基本布局确定后仍需调整收纳面积、地热安装位置，如果是暴雪地区的话，还要使房檐朝南倾斜。针对这些情况都要有量身定制的设计。

"定制"这样的词出现在经济学中或许让人意外，其实经济学知识也可以像土木工程一样应用在我们身边。

小循环的局限

在肾脏移植中实际应用以TTC算法为基础的算法时会遭遇什么瓶颈呢？刚才的例子是向7个患者（学生）分配7个肾脏（房间）。当分配确定后，新的问题产生了：这些手术能够同时进行吗？

活体移植时患者和捐献者都需要高度专业的医疗团队和手术设施，

所以同时准备7台手术在现实中是不可能的。2003年在约翰·霍普金斯大学医院同时进行3台手术都能成为重大新闻，更不要说7台了。

手术不能同时进行，就可能会发生捐献者"反悔"的情况。例如按照循环1→⑤→5→④→4→①→1分配肾脏进行手术。设现在患者1和捐献者5、患者5和捐献者4的手术已经完成，接下来是患者4和捐献者1的手术。

一旦此时捐献者1改变主意："还是不给患者4捐肾了"，情况就变为患者4失去了捐献者4，却得不到肾脏。监禁反悔的捐献者强行摘取一个肾脏是不合法的。

同时进行3台手术并不容易。如果担心捐献者会反悔，就有必要考虑将捐献者交换限定在两组之间进行。肾脏移植匹配无论是合法性还是可行性都存在种种限制，但既然要解决现实问题，就不得不正面面对他们。

罗斯等人在2004年最初的论文中主要论述以TTC算法为基础的算法，也就是不限制循环规模的算法。但是接下来在2005年他发表在《经济学理论》(Journal of Economic Theory)上的《两组之间进行的肾脏交换》(Pairwise Kidney Exchange)研究了"将捐献者交换限定在两组之间会如何"这一课题。

归纳一下本篇论文及后续相关论文，可以得到这样的结论：在交换捐献者时，如果不限于两组，而是扩展到三组、四组的话，适合组的个数会跳跃性增加。

	捐献者1	捐献者2	捐献者3	捐献者4
患者1	−	+	−	+
患者2	−	−	−	+
患者3	+	−	−	−
患者4	+	−	+	−

试着考虑一下上表的情况，有四个不适合组。当患者和捐献者适合时在格中画"+"，不适合的画"−"。例如患者1和捐献者2、4是适合匹配，但是和捐献者1、3是不适合匹配。

如果这里仅限于在两组之间交换捐献者，可能的交换只有互相适合的"患者1搭配捐献者4，患者4搭配捐献者1"这一种。像患者2与捐献者4虽然适合，但是由于患者4和捐献者2不适合，就无法交换。

在两组之间可能进行的交换上画○，得到下面的表格。

	捐献者1	捐献者2	捐献者3	捐献者4
患者1	−	+	−	⊕
患者2	−	−	−	+
患者3	+	−	−	−
患者4	⊕	−	+	−

在两组之间可能的唯一交换

但是如果此时可以在4组之间进行交换的话，情况就完全不同了。

因为可以这样交换：患者1搭配捐献者2，患者2搭配捐献者4，患者3搭配捐献者1，患者4搭配捐献者3。

	捐献者1	捐献者2	捐献者3	捐献者4
患者1	−	⊕	−	+
患者2	−	−	−	⊕
患者3	⊕	−	−	−
患者4	+	−	⊕	−

四组之间可能的交换

这个例子清楚地表明，要救治患者2和3这样适合对象少（这里只有1个）的患者，采用长循环会更有效。对于适合肾脏非常少的高敏感性患者来说，将很多人包含在内进行捐献者交换尤为重要。

善良的撒玛利亚人

肾脏移植匹配虽然在两组之间进行也有效，但是如果允许出现长循环，则会更有效。但由于医生和设备数量都有限，这种情况下手术要一组一组地依次进行。

这里的问题就是捐献者可能会"反悔"。利弊应该如何权衡呢？阿尔文·罗斯和托莱多大学医院的迈克尔·里斯（Michael Rees）医生团队的最终选择是：即使承担捐献者反悔的风险也要采用长循环。

他们公开了很多手术记录,我们来看一个例子。

在这个例子中,移植开始于没有特定患者的善意捐献者,捐献者和患者的关系像链条一样连在一起(图4)。

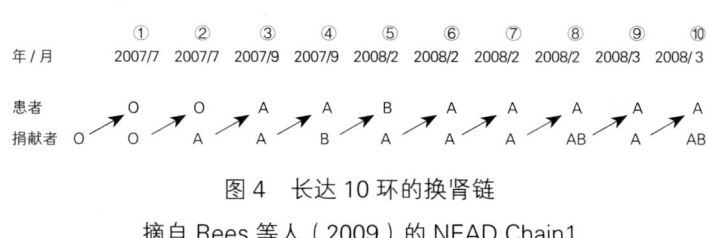

图 4　长达 10 环的换肾链

摘自 Rees 等人(2009)的 NEAD Chain1

该捐献者无偿捐出自己的一个肾脏给某个陌生人。《圣经》中有以亲切友善的邻居形象出现的撒玛利亚人,我们就把这样的捐献者称为"善良的撒玛利亚人捐献者"吧。上图中每个手术都在不同的日期进行,没有发生捐献者反悔的情况。

幸运的是,这个例子不是仅有的。即使不同时进行手术,迄今为止也没有发生过捐献者反悔的情况。虽然不能保证今后也不会出现,但是人具备相当程度的责任感和伦理观。如果信任人类的道德感,为了救助患者而考虑长循环可能会使更多的患者受益。

如果出现了捐献者反悔的情况,可以考虑将本应得到捐献者肾脏的患者排在等待换肾名单的前面,或者当再有其他撒玛利亚人出现时将该患者排在队列前方等。

利他性的肾脏捐献不只能使一个人受益,这就是善良的撒玛利亚人的伟大之处。再看一下讲解TTC算法时最先用到的学生和房间的例子，用○标出的，就是TTC算法导出的结果——强核配置。

排序 学生	第一位	第二位	第三位	第四位	第五位	第六位	第七位
1	⑤	6	7	1	2	3	4
2	③	4	5	6	7	1	2
3	4	5	②	7	1	3	6
4	①	2	3	4	5	6	7
5	④	5	2	3	6	7	1
6	7	1	2	3	4	5	⑥
7	1	⑦	4	5	6	3	2

强核配置（再次列出）

将这个结果对应到肾脏移植中，学生是患者，房间是捐献者，学生6和7无法进行交换（移植）这一点最让人遗憾。

假设这种情况下新出现了"房间0"，也就是"捐肾"，学生6和7根本不想住这个房间，而学生4却觉得这个房间最好。将这种情况也考虑在内，重新整理一下学生4、6、7的偏好。

48 合适

排序 学生	第一位	第二位	第三位	第四位	第五位	第六位	第七位	第八位
4	0	①	2	3	4	5	6	7
6	7	1	2	3	4	5	⑥	0
7	1	⑦	4	5	6	3	2	0

于是就可以这样重组：学生4（没得到房间1而）得到了房间0，学生6（没得到房间6而）得到了房间7，学生7（没得到房间7而）得到了房间1。现在，学生4、6、7都可以换到更满意的房间。在下表中将调整后的分配画上□。

排序 学生	第一位	第二位	第三位	第四位	第五位	第六位	第七位	第八位
4	⓪	①	2	3	4	5	6	7
6	⑺	1	2	3	4	5	⑥	0
7	⑴	⑦	4	5	6	3	2	0

对应到肾脏移植匹配中，我们可以发现，即使捐献的肾脏只有一个，也会使两个人（学生6和7）的移植重新成为可能，另外一个人（学生4）的情况也能够得到实质上的改善。

图5所显示的正是上述的匹配链条。链条的第一环是房间0，最后一环是学生6。这里房间6剩下了，但它以后也会作为某个链条的第一环被充分利用。

图 5 起于房间 0 的链条

近年来，由善良的撒玛利亚人开启的链条有变长的趋势。2012年2月18日，《纽约时报》电子版报道了一条包括30个患者和30个捐献者，共计60人的链条，所有手术都取得了成功。

这个链条的第一环是善良的撒玛利亚人——捐献者里克·鲁扎门蒂（Rick Ruzzamenti），他家住加利福尼亚州河畔市，已经44岁，是一名爱好瑜伽的男士。他在采访中表示，自己此前甚至没献过血，在知道有肾脏捐献这回事之后两天，就和肾脏移植机构取得了联系。

这样的捐献者不断出现。另一个善良的撒玛利亚人——捐献者戴维·考斯特（Divid Coaster）表示："捐献肾脏后，我觉得自己比唐纳德·特朗普（Donald John Trump）和比尔·盖茨加起来还要富有。"（http://www.kidneymitzvah.com/）。虽然世界不是充满善意，但我们可以充分利用善意，设计出有效的机制。

如果一定要阻止捐献者反悔，马里兰大学的劳伦斯·奥苏贝尔（Lawrence Ausubel）教授和北卡罗来纳州立大学的塞耶·莫里尔（Thayer Morrill）副教授提供了下面的匹配方法供参考。

这种方法很简单，就是先摘取不适合组捐献者的肾脏，也就是捐献者先将肾脏提供给某个人，之后患者从其他捐献者那里取得肾脏。

可能会有人感觉有些不舒服，但是这个想法就像"先存钱，再使用"一样，并不奇怪。奥苏贝尔和莫里尔说，他们是从宏观经济学的代际交叠模型（Overlapping Generations Model）中获得这个想法的。

实际应用,效果如何?

在发达国家中,日本的肾脏移植情况很特殊,最大特点就是捐肾移植极少。在美国,每100万人中有超过33人捐肾,而在日本却仅有1.3人(2005年)。

日本自1997年10月开始实施《脏器移植法》,其中规定:有脏器捐献意愿的人在心脏死亡或者脑死亡时,就可以将脏器移植给已登记的患者。

作为发达国家,日本相关立法起步很晚,施行后也迟迟没有推广普及,特别是脑死亡患者的捐肾。1999年共有4个脑死亡者捐献了肾脏,之后数量也不过发展到每年10人左右。

2009年7月,日本对该法做了修正:即使本人没有表达过捐献脏器的意愿,如果家人同意也可以捐献。由此脑死亡患者的捐肾供给增加,2010年达到32人。即便如此,由于登记的患者已经过万,从整体比例来看捐肾数量的增加实在是微乎其微。

相对于登记的患者而言捐肾的数量很少,这种情况各国都一样,但是日本尤为严重。即使发生脑死亡,最终用于移植的肾脏数量也很少。日本判定脑死亡的标准极其严格,另外即使脑死亡者生前表达了捐献脏器的意愿,如果其家属(涵盖范围很广)强烈反对的话依然无法实现移植。

另一方面,日本医疗技术较为先进,已经能够在血型不相符的情况下进行肾脏移植。

还有，日本并不进行肾脏移植匹配。关于这一点我们来看一下日本移植学会在2012年9月20日重新修订的关于肾脏移植的伦理原则。

该伦理原则首先就写明：

肾脏移植只限亲属之间。亲属是指六亲等以内的近亲、配偶及三亲等以内的姻亲。

接着表示：

如果是非亲属，每个案例都必须得到该医疗机构伦理委员会的批准。这里需要注意的问题包括防止有偿使用、保证自愿等。

此外：

必须事先向日本移植学会伦理委员会征求意见。

因为亲属也包含姻亲，所以该原则并不强调医学上有无血缘关系。

该伦理原则也涉及"非亲属"的情况，所以并不严格禁止非亲属之间的移植。但是肾脏移植匹配以非亲属之间的移植为前提，因此与该伦理原则存在冲突。

韩国则在20世纪90年代初期就建立了不适合组的数据库，推进肾脏移植匹配。而美国也在2000年左右设立了很多肾脏移植匹配的相关机构，现在正探讨将它们统一。

2004年，日本移植学会发表了《关于交换捐献者进行肾脏移植的见解》，认为日本相关技术先进，即使血型不相符也可以进行移植，加之捐献者交换存在伦理方面的问题，所以没有必要这样做。其中还写明："不应该通过捐献者交换网络等'社会系统'推进捐献者交换肾脏移植"。

但是该见解并没有论述为什么不应该推进，或者正在推进这种做法的其他国家的制度在伦理上存在什么问题。

同年日本移植学会面向学会评议员开展了有关肾脏移植匹配的问卷调查，结果公布在学会刊物《移植》上。

问卷中有意思的内容很多。针对捐献者交换的必要性，认为"有必要"的有45人，认为"没必要"的有51人。针对是否需要建立进行交换的社会系统——肾脏移植匹配机构，认为"即刻需要"的有12人，认为"将来或许需要"的有31人，认为"目前不需要"的有25人，认为"将来也不需要"的有23人。

对于这个结果，东海大学医学部的加藤俊一教授表示："可以看出欧美有趋势建立使捐献者交换肾脏成为可能的社会机制，而在日本并没有这种趋势或者时机尚未成熟。"（《临床透析》，2007年）

2003年在九州大学医学部附属医院出现了一例两组之间交换捐献者的肾脏移植。公开发表的案例似乎仅此一件，之后没有听到其他类似的消息。

此外，认为"日本医疗技术先进，所以没有必要进行肾脏移植匹配"，实际上是倒果为因。日本的捐肾移植相比其他国家处于绝对少数，又不进行肾脏移植匹配，所以倒逼医疗技术进步。

透析也是一样，肾脏移植的选择范围狭窄，所以透析技术较高。

日本首次对不适合组进行移植是1989年在东京女子医科大学医院。该手术为了抑制免疫排斥反应而摘除了患者的脾脏。脾脏摘除对患者有很大伤害，但是在不适合组的移植手术中作为标准做法长期沿用。

在日本，脱敏治疗的进步与新免疫抑制剂使用，提高了不适合组肾脏移植的存活率，现在已经可以避免摘除脾脏了。特别是2004年开始使用的免疫抑制剂利妥昔单抗（rituximab），完全取代了摘除脾脏的作用。

利妥昔单抗原本是作为抗癌药物使用的，截至2013年2月底，用于肾脏移植时仍不适用保险给付。

让我们通过数字看看肾移植的存活率：2000年之前为1年85%，3年76%，5年70%；而在2001年以后存活率上升到1年96%，3年93%，5年91%（高桥&田中，2012）。这说明，不适合组的肾移植实现了与适合组的肾移植相比并不逊色的存活率。当然，这是日本肾脏移植医生们的出色成绩。

2010年日本血型不相符的移植仅有195例，而在美国通过肾脏移植匹配进行的移植超过了300例。

日本先进的"自然科学技术"让人惊叹，但我们更应该多把关注的目光投向美国的"社会科学技术和物尽其用的文化"。

另外，美国有时会在肾脏移植匹配的链条中加入一部分不适合的匹配。图4中，从AB型捐献者到A型患者的移植就是一个例子。

日本现在是否需要引入肾脏移植匹配呢？就此我们来看几个问题。

○ **关于免疫抑制剂**

虽然不适合组的肾脏移植的存活率赶上了适合移植，但是存活率并非肾脏移植的全部成果。为了避免摘除脾脏而使用利妥昔单抗等高效免疫抑制剂会提高感染风险（摘除脾脏也同样有这种风险）。

即使血型相符，交叉阳性配型仍然需要使用利妥昔单抗等高效免疫抑制剂。

○ **关于成本**

需要利妥昔单抗等高价药物。

不适合组的肾脏移植需要很多额外的医疗措施，术后管理需要更专业的知识。

不适合组的肾脏移植住院时间是一个月左右，很不经济，给患者、医疗工作者和床位数都带来负担。

诊疗费方面不适合组的肾脏移植比适合匹配大约高三成（高桥&田中，2012）。患者自己负担一部分，剩下的由国库负担，结果其实就是由全体国民来支付。医疗费是根据日本厚生劳动省规定的诊疗费表计算得出的，这在所有医院都一样。具体金额根据患者体质、有无并发症而有所不同，不能一概而论。但根据国立医院千叶东医院（公认该医院比较典型）的比较报告，不适合组的肾脏移植，费用从400万日元到530万日元不等，而适合组的费用只有从270万日元到330万日元不等（高桥，2012）。

以上是优点比较明确的方面。以下事项虽然效果不太明确，最好也要注意。

- A型到B型的移植存活率高于B型到O型。另外HLA也会影响存活率（高桥&田中，2012）。也就是说虽然整体上不适合移植的存活率和适合移植相比并不逊色，但是具体来看，采用捐献者交换，存活率更高。
- 如果引入肾脏移植匹配制度，就可以期待"善良的撒玛利亚捐献者"的出现。前文说过，他的出现会给整体带来积极的作用。
- 肾脏移植匹配这种新机制，能唤起社会对移植治疗的关注。实际上，"善良的撒玛利亚人捐献者"在美国就被大肆报道。
- 虽然日本在血型不相符的肾脏移植方面技术先进，但是如果不是所有组合都一定能进行移植，就有通过捐献者交换来解决问题的可能。

可见，肾脏移植匹配有其相对优势。特别是如果患者想避免不适合组肾脏移植的缺点（服用高效免疫抑制剂、血浆交换等）、减轻经济负担，汇总不适合组合的情况建立数据库进行肾脏移植匹配会很有效。

如果患者想使用近亲捐献者的肾脏，当然也可以按照他的愿望进行移植。这绝对不是因为人有"选择的自由"，只是因为允许肾脏移植匹配实际上增加了一个减轻身体或经济负担的选项。

   *   *   *

本章开头阐述了，改变组合并不是增减什么，其真正目的是使已有的东西物尽其用。实现这一目标的有效工具就是算法。本章就主要探讨了TTC算法。

但是有的问题不能用TTC算法来解决，或者其他算法效果更好。TTC算法在组合人与住宅、人与肾脏等人和物时很有效果，但却不适合处理人与人的组合。

1962年，戴维·盖尔和罗伊德·沙普利的论文《高校招生与婚姻的稳定性》在美国数学学会月刊上发表，这篇论文通篇没有一个公式。他们在论文中规范了人与人的组合配对，提出了一个很出色的算法。

这在匹配理论中是"宇宙大爆炸"一样的大事件，在下一章中就会谈到。

第二章
实现两情相悦

选择是互相的。选课、择校、集体相亲,要怎样设定规则才能让双方满意?本章从案例出发,探索匹配的奥秘。

情侣分手，或是被企业录用后又解约，这类已经定下来的匹配被解除是很常见的。

关系因时间而改变是无可奈何的。但是其中也有和没有好感的对象交往、被不太想去的企业录用等一开始就知道无法长久的关系。

这样的匹配不稳定且难以维持，因为存在通过重新组合谋求整体改善的可能性，这样的关系并不理想。

那怎样才能找到稳定的组合呢？"稳定性"不仅限于描述情侣和职场，其应用可以更广泛，成为研究人与人及人与机构之间良好组合的关键词。

自1962年盖尔和沙普利创立匹配理论以来，稳定性的相关问题就一直是讨论的核心。20世纪90年代后半期开始，在实习医生匹配和择校匹配等现实问题中将这些研究实用化的趋势开始加强。

那么严格来说，"稳定性"指的是什么呢？"不稳定性"又是什么呢？如何才能避免不稳定的匹配，找到稳定的匹配呢？先以在大学选择研讨课为例具体来谈谈。

怎样选上想去的研讨课

在日本很多大学都开设研讨课，这是由少数人组成的双向选择型授课，要进入研讨课通常需要通过考试。

例如笔者工作的庆应义塾大学经济学系，学生在二年级结束时会接受测试，通过的话三年级开学就进入研讨课。研讨课对于学业和交友都有着重要作用，所以大部分学生都希望可以进入某门研讨课，但这研讨课不是所有人都可以进去。选拔方式大致如下：

- **A轮**　每个学生从大约60个教师中选择一个教师，向他的研讨课提交申请书，每个教师（通过考试、报告及面试）从申请者中选拔合格者。

在A轮中合格的学生确定了研讨课，在A轮得到了足够学生的教师确定了研讨课的学生。余下的学生和教师进入接下来的B轮。

- **B轮**　进入B轮的学生从进入B轮的教师中选择一个教师，向他的研讨课提交申请，教师从申请者中选出合格者。

暂且不考虑细节和特殊情况，正式流程到此基本结束。

我们将上述选拔方式称为"AB轮方式"。在"AB轮方式"中，学生需要慎重考虑申请哪门研讨课。因为申请人气高的研讨课，竞争会很激烈，被淘汰的风险也大。

如果不幸在A轮中落选，不能保证其他感兴趣的研讨课在B轮还有剩余名额，所以每名学生都希望在A轮就解决问题。

对于教师来说，什么样的学生参加研讨课同样很重要。至少对于笔者来说，甚至可以说它会影响到职业生活的质量。可能即使在A轮中得到了数量足够的申请者，也要从中淘汰几个，等到B轮再选择几名申请者。做出判断并不容易。

有的研讨课人气很高，有的学生大家都欣赏。但是一般来说想进入哪门研讨课因人而异，教师对学生的评价标准也各不相同。那应该以怎样的方式组合学生和研讨课呢？还有，什么才是"好的"组合呢？

当然这种组合问题并非是选择研讨课特有的。例如实习医生和医院的组合问题（实习医生匹配）、工人和公司的组合问题（工作匹配）、学生和公立学校的组合问题（择校匹配）等，类似的问题很多。统一对这些问题进行研究的，就是稳定匹配理论（Stable Matching Theory）。

高校招生与婚姻的稳定性

1962年，戴维·盖尔和罗伊德·沙普利在美国数学学会的月刊上公开发表了题为《高校招生与婚姻的稳定性》的论文。盖尔和沙普利，我们在第一章就曾提及。

作为数学论文，它的标题与众不同，内容也很独特，通篇没有出现一个公式。但是这篇论文的确创造了应用数学的一个新领域，盖尔和沙普利在文中强调了数学对研究现实性问题的作用。

他们在该论文中将匹配的内容规范化,引入了被称为"稳定匹配"的概念,给出了短时间内找到稳定匹配的算法。

该算法称为**延迟接受算法**(Deferred-Acceptance Algorithm),现在广泛应用于实习医生匹配、择校匹配以及从大学的附属高中进入大学的名额分配等诸多情形。我们来看一下具体做法。

假设有7个人,1到3为"男性",4到7为"女性"。这里的男性和女性都喜欢异性,0表示"偏好单身"。男性对女性、女性对男性的偏好见下表:

男性 \ 对女性的排序	第一位	第二位	第三位	第四位	第五位
1	4	5	7	0	6
2	5	6	4	0	7
3	4	7	0	6	5

男性的偏好

女性 \ 对男性的排序	第一位	第二位	第三位	第四位
4	3	2	1	0
5	3	1	2	0
6	3	1	0	2
7	1	2	0	3

女性的偏好

表格的意思是:男性1的偏好顺序是"女性4、女性5、女性7、单身、女性6",其他人以此类推。如果把这种情况比作本章开头讨论的学生和研讨课的组合的话,男性就相当于学生,女性就相当于研讨课。

请各位读者将自己设想为喜欢牵线搭桥的热心阿姨,这样(可能)会更容易理解后面的内容。

作为媒人阿姨,你希望尽量把这些男女配对组合好让他们结婚,当然不允许"一夫多妻"或者"一妻多夫",说到底就是只考虑一对一的组合,这称为**"一对一匹配"**。

首先来看一下在此情况下采用AB轮方式会如何。我们先来明确一下媒人阿姨应该考虑的关键问题。

○ A轮(第一轮)

每个男性向自己最喜欢的女性求婚(如果觉得单身好就选择单身)。女性在向自己求婚的人中选出自己最喜欢的男性,接受他的求婚(如果觉得单身好就选择单身)。这里男性1和3向女性4求婚,女性4接受了男性3的求婚;男性2向女性5求婚,女性5接受了他的求婚。将这些用心形符号记录下来:

(3♡4)

(2♡5)

○ B轮(第二轮)

还没有确定对象的男性向剩下的人里自己最喜欢的女性求婚(如果觉得单身好就选择单身)。女性在向自己求婚的人中选出自己最喜欢的男性，接受他的求婚（如果觉得单身好就选择单身）。在这个例子里，男性1向女性7求婚，女性7接受了他的求婚：

（1♡7）

程序到此结束，女性6单身。

把得到的情侣组合（1♡7）（2♡5）（3♡4）称为**匹配**（Matching）。

观察这个匹配，我们可以发现：男性1和女性7成了一对，但他更喜欢女性5；女性5虽然和男性2成了一对，但她更喜欢男性1。

所以这个匹配中男性1和女性5之间可能会发生"私奔"，用上一章讲解TTC算法时的词来说就是"阻止"。作为相亲会的主办人，自然需要避免这种情况发生。

采用AB轮方式，会出现伴有"私奔"的匹配，这不仅表示该方法在实际执行时可能会发生阻止（Block），实际上，就把两情相悦的人组合在一起这一目的而言，它就是失败的。这种情况下媒人阿姨的目标就是找到不会发生任何"私奔"的匹配，这样的分配被称为**稳定匹配**（Stable Matching）。

AB轮方式的缺陷不仅是得不到稳定匹配，它还对策略性操作无能为力。如果男性1采取策略性操作，把排在第一位和第二位的女性颠倒一下，也就是说不按照"4、5、7、0、6"这个真实的偏好顺序而是按照"5、4、7、0、6"这个虚假的偏好顺序求婚，结果会如何呢？

这样，在A轮中男性1和男性2向女性5求婚，女性5会接受男性1

的求婚。而男性1比起女性7更喜欢女性5，所以，他通过这样的策略性操作可以获利。

策略性操作不好，并非因为它是刻意的。如果大家通过互相预测对方的行动来规避风险，结果就会出现本来两情相悦的男女成不了一对，或是本来很有人气的研讨课根本没有人参加的情况，这与我们的初衷相距甚远。有选拔就会有竞争，既然如此，最好采用结果不受运气影响的公平公正的规则。

到底有没有既能防止策略性操作，又能找到稳定匹配的方式呢？这是媒人阿姨要考虑的问题。答案是确实存在。

这就是由盖尔和沙普利所创的延迟接受算法。再观察一下刚才的偏好，看看该算法是如何发挥作用的。

男性 \ 对女性的排序	第一位	第二位	第三位	第四位	第五位
1	4	5	7	0	6
2	5	6	4	0	7
3	4	7	0	6	5

女性 \ 对男性的排序	第一位	第二位	第三位	第四位
4	3	2	1	0
5	3	1	2	0
6	3	1	0	2
7	1	2	0	3

延迟接受算法的关键在于合意的要约不是被"接受",而只是被"保留",这是其名为"延迟"接受方式的原因。

○第一轮

每个男性向自己最喜欢的女性求婚(如果觉得单身好就选择单身),女性在求婚者中选择自己最喜欢的男性,先"保留"他的求婚(如果觉得单身好就选择单身)。

这一轮中,男性1和男性3向女性4求婚,女性4保留了男性3的求婚,男性1被拒绝;男性2向女性5求婚,女性5保留了他的求婚。

(3♡4)(2♡5)

○第二轮

上一轮中求婚被拒绝的男性向此前没有拒绝他的女性中自己最喜欢的人求婚(如果觉得单身好就选择单身),女性比较本轮向自己求婚的男性(如果有)和上一轮中保留的男性,接受自己更喜欢的男性的求婚(如果觉得单身好就选择单身)。

这一步中男性1向女性5求婚,女性5比较了男性1和保留求婚的男性2,保留了自己更喜欢的人,也就是男性1的求婚,男性2则被拒绝。

(3♡4)(1♡5)

○第三轮

之后的步骤和第二轮一样,也就是在上一轮中被拒绝的男性在此前没有拒绝自己的女性中选择最喜欢的人向她求婚(如果觉得单身好就选择单身);女性比较本轮向自己求婚的男性和上轮保留的男性(如果有)，接受自己更喜欢的男性的求婚(如果觉得单身好就选择单身)。

这一步中男性2向女性6求婚，女性6选择单身，男性2被拒绝。

○ 第四轮

男性2向女性4求婚，女性4比较了男性2和保留求婚的男性3，继续保留男性3的求婚，男性2被拒绝。

○ 第五轮

对于男性2来说还没有拒绝他的只有女性7，但是觉得与其和她成为情侣还不如单身，所以选择了单身。

至此程序结束，确定了匹配（3♡4）（1♡5），男性2、女性6、女性7单身。

确认一下在这个匹配中不会出现"私奔"。对于男性1来说，比起和他成为一对的女性5，他更喜欢女性4，但是女性4比起男性1更喜欢和她成为一对的男性3。也就是说不会出现包含男性1在内的私奔。

同样，对于女性5来说，比起和她成为一对的男性1，她更喜欢男性3，但是男性3不会和她私奔。因为在这个例子中，男性3和女性4都和自己最喜欢的人成了一对，所以这两人不会私奔。也就是说这个匹配是稳定的。

不只这个例子是这样，盖尔和沙普利证明了无论有几个男女、无论他（她）们的偏好如何，使用延迟接受算法都可以得到稳定的匹配。

我们在讲解延迟接受算法时使用了"求婚"这个词，这是为了方便起见。在实际操作时,没有必要把求婚、拒绝,或是因无人求婚而失落摆在人前。

实际上男性对于女性的偏好、女性对于男性的偏好等内容只要写在纸上、标记在图上或输入联机电脑中即可。采用延迟接受算法时,如果参与者少的话,徒手计算也花费不了多少时间,但是如果人数多的话还是用电脑处理更简单。

那采用延迟接受算法会不会需要很多时间才能求得结果呢?换言之,延迟接受算法计算速度快吗?

假设现在有 n 个男性,m 个女性。在这个算法中,每一轮中至少会有一个人求婚(如果没有人求婚的话就结束了,所以这是当然的)。而且即使一个男性被所有女性拒绝,所需的步骤数也只有 m(女性总数)。

也就是说要结束算法所需要的步骤最多就是 $n \times m$(男性人数 × 女性人数)步。假定有 10 个男性和 8 个女性,步骤数最多就是 80,无论何种情况,经过不超过 80 次运算就可以求得结果。

当然这个数字会随着 n 和 m 的增大而增加,但是增幅不会太大。以现在的电脑性能来说,即使数量很大也可以在很短的时间内求得结果。

不论谁"求婚",单身者总是单身?

第一章讨论的"人和物"的组合问题中,强核配置只有一个。而像本章所讨论的"人与人"的组合问题,稳定匹配不见得只有一个,有时会有两个以上。

但是即使稳定匹配有两个以上,其中也会有特别突出、让人期待的稳定匹配。我们以下面的偏好为例思考一下。

男性 \ 对女性的排序	第一位	第二位	第三位	第四位	第五位
1	6	5	4	0	7
2	5	7	6	4	0
3	5	4	0	7	6

女性 \ 对男性的排序	第一位	第二位	第三位	第四位
4	1	2	0	3
5	1	2	3	0
6	3	2	1	0
7	3	0	1	2

首先以男性为求婚方采用延迟接受算法导出匹配。

〇第一轮

男性1向女性6求婚,女性6保留了男性1的求婚;男性2、男性3向女性5求婚,女性5暂时保留了男性2的求婚,拒绝了男性3。

(1♡6)(2♡5)

〇第二轮

男性3向女性4求婚,但是女性4觉得"与其和你成为情侣还不单身"，拒绝了男性3。

○第三轮

男性3选择单身。

至此程序结束，确定了匹配（1♡6）（2♡5），男性3、女性4和女性7单身。

接下来以女性作为求婚方采用延迟接受算法导出匹配。

○第一轮

女性4和女性5向男性1求婚，男性1保留了女性5的求婚拒绝了女性4。女性6和女性7向男性3求婚，但两人均被拒绝。

（1♡5）

○第二轮

女性4和6向男性2求婚，男性2保留了女性6的求婚，拒绝了女性4；女性7选择单身。

（1♡5）（2♡6）

○第三轮

女性4选择单身。

程序到此结束，确定了匹配（1♡5）（2♡6）。

这样得到的两个匹配都是稳定的。男性求婚时，男性1和女性6、男性2和女性5分别成为一对。而女性求婚时与此相反，男性1和女性5、男性2和女性6分别组成一对。

比起由女性求婚，男性1和2更满意由男性求婚时的结果。同样，比起由男性求婚，女性5和6更满意由女性求婚时的结果。

而且无论由男女哪方求婚，男性3、女性4和女性7都单身这一点也没有变化。

可以知道以下情况总是成立的：

○ **利益一致**

对于所有男性来说，男性作为求婚一方所得到的稳定匹配比其他所有稳定匹配都令他们满意。同样，对于所有女性来说，女性作为求婚一方所得到的稳定匹配比其他所有稳定匹配都令她们满意。

○ **偏僻医院定理**

虽然稳定匹配可能会有几个，可是单身的人无论在哪个稳定匹配中都是单身。

从利益一致这一点出发，我们把男性求婚所得到的稳定匹配称为**男性最佳稳定匹配**（Man–Optimal Stable Matching）；同样，把女性求婚所得到的稳定匹配称为**女性最佳稳定匹配**（Woman–Optimal Stable Matching）。

对于男性来说，女性最佳匹配是所有稳定匹配中最不理想的结果；而对于女性来说，男性最佳匹配也是所有稳定匹配中最不理想的结果。

这一性质由约翰·康威（John Conway）指出，发表在高德纳（Donald E. Knuth）1976年的著作《婚姻的稳定性》（*Mariages stables et leurs relations avec d´autres problemes combinatoires*）一书中。

利益一致这一特性很不可思议。

之所以这样说是因为，这里要解决的问题是，如何将男性这种"既是女性的需求者，又是男性的供给者"和女性这种"既是男性的需求者，又是女性的供给者"组合配对。也就是说，男性们作为需求者互相争夺女性，同时也作为供给者被女性争夺。

从感觉出发，似乎不同男性的利益不该是一致的，因为每个人对最佳匹配的看法不同。但是稳定匹配并不是这样。稳定匹配中，只会有"对所有男性来说"都是最好的匹配，女性这边也是一样，只会有"对所有女性来说"都是最好的匹配。

接下来讲"偏僻医院定理"。罗斯1986年发表在《计量经济学》（*Econometrica*）上的论文对该定理做出了证明。

之所以称之为"偏僻医院定理"，是因为把组合的一方看成了实习医生，另一方看成了医院。它是说：假设我们要从两个以上的稳定匹配中选择一个，无论选择哪个，没有人气的医院，不会有实习医生去；同样，没有人气的实习医生，在哪里都无法就职。

这样说听起来似乎很残酷，但是大家不要从"胜利者与失败者"这个角度过度理解。而且，如果只有一个稳定匹配，偏僻医院定理就没有任何意义。这个定理说的其实是:即使存在两个以上稳定匹配,它们的分配结果其实相差不远。

"求婚"方最好说实话

延迟接受算法还有一个优点,就是对于求婚一方来说,表明自己真正的偏好是上策。让我们回顾一下之前的例子:

男性\对女性的排序	第一位	第二位	第三位	第四位	第五位
1	6	5	4	0	7
2	5	7	6	4	0
3	5	4	0	7	6

女性\对男性的排序	第一位	第二位	第三位	第四位
4	1	2	0	3
5	1	2	3	0
6	3	2	1	0
7	3	0	1	2

采用延迟接受算法,如果男性是求婚方,我们可以得到匹配:(1♡6)(2♡5)。

似乎男性3"如果撒谎,就可以找到某个女孩子",但是延迟接受算法并不如此简单。例如，即使男性3在第一轮中不是向女性5而是向女性4求婚，他一样会被拒绝。至于女性6和女性7，他根本没有求婚意愿（觉得单身更好）。

同样我们可以证明，不只是本例，其他任何案例都无法通过假意的求婚改善结果。也就是说，如果采用延迟接受算法，表明真正的偏好对求婚一方来说通常是最佳做法。

但是，对于被求婚一方来说，情况却未必如此。

比如说，女性6真正的偏好顺序是"3、2、1、0"，如果按照虚假的偏好顺序"2、0、1、3"反应，结果会如何呢？

这里只说一下结论：按照虚假的偏好，女性6可以和男性2成为一对（感兴趣的读者可以和之前一样，用延迟接受算法得出结果）。比起表明真实偏好时分配到的男性1，她更喜欢男性2。

梳理一下讨论的结果：采用延迟接受算法，男性作为求婚一方时，诚实地表明偏好对于男性来说是最有利的，而对于女性来说则未必如此。相反，女性作为求婚一方时，表明真实的偏好对女性来说最为有利，而对于男性来说则未必如此。我们把这一特性称为延迟接受算法的单边防策略性。

那么有没有这样的匹配方法，它总能导出稳定匹配，并且对于双边（而不是单边）来说都满足防策略性呢？很遗憾，罗斯证明了不可能性定理——如此优秀的匹配方式是不存在的。

也就是说不存在完美的匹配方式。这令人无奈。建筑物也是一样，想提高抗震性能就要增加柱子，但这样一来居住面积就会变小。某件事能做到什么程度，在什么地方不得不妥协，不可能性定理对了解这些至关重要。

我们想要一个防止策略性操作的匹配方式，但因为要兼顾稳定性，单边防策略性已经是很好的妥协点了。延迟接受算法同时满足了这两项条件。

进一步来看，能同时满足稳定性和单边防策略性的方法，就只有延迟接受算法这一种而已。

可以说，延迟接受算法的存在感要超过其他任何一种匹配方式。盖尔和沙普利就从这样高完备性的起点，开始了对匹配理论的研究。

为实习医生安排就职医院

前面我们用相亲的例子，探讨了一对一的匹配问题。但是实际应用中，多数都是两方中有一方接纳多个（而非一个）对象的情况。来看一下这种例子。

下面考虑将到某家医院工作的实习医生，和雇佣多个实习医生的医院的组合匹配问题。像这样，一方只匹配一个对象，而另一方可以匹配多个对象的问题，被称作一对多匹配。

澄清一下,这里所说的"实习医生",其实现在正在找工作,他们还没有成为实习医生。实际上称他们为"准实习医生"或者"刚毕业的医学系学生"更严谨些,这里为简化表达,我们直接将他们称为"实习医生"。

用1到6表示实习医生,A和B表示医院,每个医院各有两个名额,实习医生和医院的偏好见下表。这里的"0",对实习医生来说表示"宁可不工作",对于医院来说则表示"不录用"。

例如对于实习医生3来说,与其去医院B还不如不工作,对于医院A来说雇佣实习医生1还不如不招人。

实习医生 \ 对医院的排序	第一位	第二位	第三位
1	A	B	0
2	B	A	0
3	A	0	B
4	A	0	B
5	A	B	0
6	B	A	0

实习医生的偏好

医院 \ 对实习医生的排序	第一位	第二位	第三位	第四位	第五位	第六位	第七位
A	3	2	6	4	5	0	1
B	3	1	6	5	4	0	2

医院的偏好

在这里以实习医生作为"求婚"一方应用延迟接受算法如下：

○第一轮

▼实习医生1、3、4、5向医院A提出申请，医院A保留了实习医生3和4的申请。

▼实习医生2、6向医院B提出申请，医院B保留了实习医生6的申请。

医院	保留申请的实习医生
A	3、4
B	6

○第二轮

▼实习医生1、5向医院B提出申请，医院B保留了实习医生6的申请，又保留了实习医生1的申请。

▼实习医生2向医院A提出申请，医院A保留了实习医生3的申请，又保留了实习医生2的申请，解除了对实习医生4的申请保留。

医院	保留申请的实习医生
A	2、3
B	1、6

○第三轮

▼确定了实习医生4和5没有工作单位。保留申请正式成为"接受"，匹配确定。

医院	保留申请的实习医生
A	2、3
B	1、6

是不是很多人觉得，采用延迟接受算法解决一对多匹配的问题，和一对一匹配类似呢？

的确如此，一对多匹配和一对一匹配一样，采用延迟接受算法总会得到对于"求婚"一方来说最好的稳定匹配。

一对一和一对多虽然类似，却并不相同。1985年罗斯在《经济理论》（Journal of Economic Theory）上发表了题为《高校招生问题不同于婚姻问题》（The College Admissions Problem Is Not Equivalent to the Marriage Problem）的论文，详细论述了两者的共同点和差异。

两者的共同点是一方最满意的稳定匹配是另一方最不满意的稳定匹配。

这里两者的差异更重要。最重要的不同就是：在一对一匹配中，双方结构对称，无论哪一方作为"求婚方"，该方的单边防策略性都成立。

但是在一对多匹配中，单边防策略性仅在一方（实习医生）"求婚"时成立，但在多方（医院）"求婚"时不成立。

从这个非对称性出发我们自然就会想，一对多匹配时是不是应该选择以一人方为"求婚"的一方呢？

美国有实习医生匹配机构，这是一个全国性组织，负责组合实习医生和医院。20世纪80年代，罗斯针对该机构一直沿用的匹配算法，在

《政治经济学》(Journal of Political Economy) 上发表了相关研究成果，论文题为《实习医生劳动市场的进化——基于博弈论的案例研究》(The Evolution of the Labor Market for Medical Interns and Residents: A Case Study in Game Theory)。

如果劳动者和雇佣者的匹配是由每个参与者各自进行，事情就会变得十分混乱。

例如日本的应届生劳动市场中就存在"求职提前化"的问题，这是由各个公司为了保证比其他公司更早得到优秀学生所引发的。

在这种情况下，早早就得到录用通知的学生，也会为了得到自己更想进的公司的录用通知而继续找工作，如果得到满意的录用通知就会拒绝之前得到的全部录用通知。

公司预料到录用通知的不确定性，所以就会多发出一些，或是重新补录，否则就会面临人员不足的困境。规则很复杂，而且需要耗费大量的时间和财力，可以说对于学生和公司双方来说都负担沉重。

美国在20世纪40年代之前，应届实习医生劳动市场也面临着同样的问题。所以从1951年起，实习医生不再各自求职，而是集中采用一种名为"国家实习生匹配项目"(National Intern Matching Program, NIMP) 的算法，来决定如何将实习医生分配给医院。

采用该算法并没有理论依据——毕竟这是在匹配理论诞生前十多年的事情。

采用NIMP算法后，实习医生拒掉录用通知的情况，比起引进该算法之前要少。用匹配理论的表达来说，就是实现了稳定性很高的匹配。

罗斯用匹配理论的框架对NIMP算法进行了规范，证明该算法可以得到稳定匹配，从稳定性上解释了为何拒掉录用通知的情况减少了。但这并不意味着NIMP算法已经无懈可击。

前面说过，一般情况下，稳定匹配不止一种。那么NIMP算法得出的稳定匹配是怎样的呢？罗斯发现，它是对院方来说"最佳"的匹配。他进一步论证，实际上这个"医院最佳匹配"对于医院来说也未必是最有利的。

下面的解释可能稍有点复杂。无论是NIMP算法还是延迟接受算法，都要求医院在对实习医生的偏好进行排列时不能有并列排序，也就是说需要对实习医生按照第一、第二、第三……的顺序排列好。

即使允许两个医生并列，在使用算法时也要随机打乱顺序，将一人排在前面。

这一点在理论上很关键：如果医院的实际偏好中包含了并列的情况，硬是将并列随机打乱，所得出的"医院最佳稳定匹配"，未必是存在并列时对医院最有利的匹配。

现将讨论的结果归纳如下：

- 医院方的偏好原本包括了很多并列。
- 使用NIMP算法时将并列随机打乱，得到了在此基础上的"医院最佳稳定匹配"。

- 这个通过随机打乱并列所得出的匹配，要比从原本的偏好中得出的匹配更稳定，但是未必是"医院最佳"（对于所有医院来说最好的稳定匹配）。进一步说，此时未必存在医院最佳稳定匹配。

也就是说从"对医院最有利"这个角度来看，NIMP算法并不理想。如果是这样的话，在可能存在的几个稳定匹配中，就不一定要选择NIMP算法所求得的匹配。

即使不考虑存在并列等问题，在一对多匹配中以多方为"求婚方"，原本就会丧失单边防策略性。那么不采用NIMP算法，而是以实习医生作为"求婚"一方，采用延迟接受算法以确保防策略性，是不是比较好呢？

罗斯认为，比起医院这样的大型机构，实习医生可以更灵活地采取策略性操作。那么是不是保障实习医生一方的单边防策略性更重要呢？

1995年他接受委托，对美国实习医生匹配的算法进行改良。罗斯本人表示："作为一个设计者，我不能再仅仅从旁观者的角度出发抱怨某些问题的难度了。"这句话是他在2008年给《国际博弈论》85周年纪念刊投稿的论文中的一句话。

最后罗斯在兼顾上述观点及其他现实性课题（例如让情侣在同一个地区的医院工作等）的基础上，设计了实习医生为"求婚"一方的修正式延迟接受算法。1998年新方法被采用。

在日本，实习医生的人事权曾经由大学医院的医务部门掌握，实习医生服从决定被分配到各个医院。但是采取这种做法，实习医生和医院的期望都无法反映到医务部门的决定中。

因此，日本在2004年引入了基于延迟接受算法的实习医生匹配制度，为实现稳定匹配迈出了一大步。

但是针对这种情况，也出现了批判的声音：过去，医务部门会向没有人气的偏僻地方派遣实习医生，现在引入了实习医生匹配制度，实习医生可以避免去偏僻地方的医院实习，助长了地区不平衡。

但是考虑到会有实习医生被分配到不想去的地方，或是人口密集区的医院会人手不足，很难说过去由医疗部门统一分配的方式更好。

照理说，对那些到没有人想去的地区工作的实习医生，可以通过高工资进行补偿，但是这个做法很难实现。尤其是厚生劳动省自2011年开始以缩小实习医生的工资差额为目标，决定减少对每年支付给实习医生超过720万日元的医院的补助金。

这个决定令人费解：既然居住地点会影响生活品质，那么用高工资对被派遣到没有人愿意去的地方的实习医生给予补偿，才是公平合理的。

厚生劳动省以设定工资上限的方式妨碍了公平性。这种过度干预降低了劳动市场的效率，这是毫无疑问的。

但是可以把这个错误完全算在厚生劳动省头上吗？包括他们在内的日本公务员承受着过分的责难，还接二连三地遭受降薪。政治家也被半强制地"拿自己开刀"，政治和行政相关的劳动环境不断恶化。

多劳多得天经地义，但是在日本却很难被接受。对实习医生的工资规定上限就是产生于这种环境下。

2009年起，日本的实习医生匹配按都道府县设置地区定额，对延迟接受算法进行修正使用。但是斯坦福大学的小岛武仁副教授和加利福尼亚大学伯克利分校的镰田雄一郎副教授指出，这个修正并不理想。

他们指出这个修正方案未必可以实现稳定匹配，并且将地域不均衡纳入考量，提出了总能实现稳定匹配的新修正版算法。这个例子清楚地表明了，在对算法进行修正时要谨慎。

这两位学者和学习院大学的和光纯教授已经就相关内容撰写了日语论文，感兴趣的读者可以参考（见参考文献）。

择校规则哪种好？

一对多匹配进一步的应用还包括择校匹配。这是在择校制度中把学生和公立学校匹配起来的问题。继实习医生匹配后，2000年罗斯又参与修正了波士顿市和纽约市公立学校的择校匹配机制。

最先研究将匹配理论用于择校的是波士顿学会的森梅兹教授和他的同事们。第一章中大显身手的TTC算法，在本节稍后会再度登场。不知道是不是可以称得上大显身手，不过确实发挥了很大作用。

下面，我们以森梅兹和密歇根州立大学的陈岩教授所提出的例子为材料，讲解一下择校匹配。这里，"学区"这个概念很重要。美国不像日本这么重视学区的概念,但森梅兹和陈岩在尊重学区的设定下展开讨论,采用的例子与日本的情况相当接近。

设现在有6个学生(从1到6)和4所学校(从A到D)。学校A和B各有两个名额,学校C和D各有一个名额。学生1和2居住在学校A所在的学区,学生3和4居住在学校B所在的学区,学生5住在学校C所在的学区,学生6居住在学校D所在的学区。

学校	该学区的学生
A	1、2
B	3、4
C	5
D	6

在实习医生匹配中,每家医院对于实习医生都有偏好。而现在这个案例中,假定公立学校对"想要哪个学生",并没有预设的偏好。

但是每个学生有优先进入自己学区学校的权利,这种权利可以看成各个学校的偏好,学区内的学生比学区外的学生排在靠前位置。

而无论对哪所学校来说,学区内的学生都并列处在第一位,学区外的学生并列处在第二位。将上述情况归纳为下表:

学校	排在第一位的学生(学区内)	排在第二位的学生(学区外)
A	1、2	3、4、5、6
B	3、4	1、2、5、6
C	5	1、2、3、4、6
D	6	1、2、3、4、5

并列学生之间的优先顺序由学区之外的某个理由决定,可以随机抽签决定,也可以用成绩决定。最简单的做法就是通过抽签决定,每个学校都按照学生1、2、3、4、5、6的次序排好优先顺序(各学校不一样也没关系)。优先顺序见下表。

对学生的排序 学校	第一位	第二位	第三位	第四位	第五位	第六位
A	1	2	3	4	5	6
B	3	4	1	2	5	6
C	5	1	2	3	4	6
D	6	1	2	3	4	5

学校选择学生的优先顺序

这个例子中仅通过学区和抽签来决定优先顺序,实际并不是只能用这种方式决定。例如某位学生有兄弟姐妹在某校上学,该校通常会予以照顾,让他排在前面。

罗斯参与改革的马萨诸塞州波士顿市的择校匹配,此前一直采用"先到先得"的波士顿机制(Boston Mechanism)。

陈岩和森梅兹的例子中,设学生偏好如下,来看一下波士顿机制会出现哪些弊端。

学生 \ 对学校的排序	第一位	第二位	第三位	第四位
1	C	A	D	B
2	C	D	A	B
3	D	A	B	C
4	C	A	D	B
5	D	C	A	B
6	A	B	D	C

学生对学校的偏好

学校 \ 对学生的排序	第一位	第二位	第三位	第四位	第五位	第六位
A	1	2	3	4	5	6
B	3	4	1	2	5	6
C	5	1	2	3	4	6
D	6	1	2	3	4	5

学校对学生的偏好

○第一轮

所有人都向排在第一位的学校提出申请，排名靠前的合格。

▼学生1、2、4向学校C提出申请，学生1确定入学，学生2和4被拒绝。学校C满额。

▼学生3和5向学校D提出申请，学生3确定入学，学生5被拒绝。

学校D满额。

▼学生6向学校A提出申请,确定入学。学校A的入学顺序中学生6排在最后,但是因为这一轮中没有其他申请者,可以说他非常幸运。学校A的剩余名额减少为一个。

学校	确定的学生
A	6
B	
C	1
D	3

○第二轮

剩下的学生向排在第二位的学校提出申请,排在前面的人合格,此时剩下的是学生2、4、5。

▼学生2向排在第二位的学校D提出申请,但这所学校的名额在第一轮时已经满了,所以他被拒绝。名额已满还允许提出申请是波士顿机制的缺陷之一。

本章开头阐述的AB轮方式和波士顿机制在"先到先得"这一点上相似,但是采用AB轮方式,可以避免学生在B轮向已经满额的研讨课提出申请,这一点有所不同(波士顿方式更加缺乏灵活性)。

▼学生4向排在第二位的学校A提出申请,入学确定。学校A满额。

▼学生5向排在第二位的学校C提出申请,该学校在第一轮就已满额,所以被拒绝。

学校	确定的学生
A	4、6
B	
C	1
D	3

○第三轮

剩下的所有学生向排在第三位的学校提出申请,排在前面的人合格。本轮剩下的是学生2和5。

▼学生2和5向学校A提出申请,该学校在第二轮就已经满额,所以他们被拒绝。

学校	确定的学生
A	4、6
B	
C	1
D	3

○第四轮

剩下的所有学生向排在第四位的学校提出申请,排在前面的人合格。这一轮剩下的仍然是学生2和5。

▼学生2和5向学校B提出申请,确定了两人都可入学。

波士顿机制的步骤结束,学生和学校的匹配确定:

学校	确定的学生
A	4、6
B	2、5
C	1
D	3

波士顿机制的最大缺陷就是申请人气高的学校风险极高。本例中，学生2和5就是受害者。

波士顿市当局对此也很担忧，提醒学生申请人气高的学校时要谨慎。

但是如果大家都避免申请人气高的学校，结果就可能出现这些学校没有人申请的情况。而如果大家都在期待好学校没人申请这种微弱的可能性，结果又是大批学生挤破头去申请人气高的学校。

去不同的学校人生可能会有很大的不同，所以凭运气决定是不合理的。即使人生就是伴随着不合理，是不是也应该设法减少呢？所以我们考虑使用延迟接受算法来替代波士顿机制。

让我们用相同的例子，看一下采用延迟接受算法会产生什么结果。

学生 \ 对学校的排序	第一位	第二位	第三位	第四位
1	C	A	D	B
2	C	D	A	B
3	D	A	B	C
4	C	A	D	B
5	D	C	A	B
6	A	B	D	C

学生的偏好

学校 \ 对学生的排序	第一位	第二位	第三位	第四位	第五位	第六位
A	1	2	3	4	5	6
B	3	4	1	2	5	6
C	5	1	2	3	4	6
D	6	1	2	3	4	5

学校的优先排序

○第一轮

▼学生1和学生2向学校C提出申请，学生1暂时被接受（保留），学生2和学生4被拒绝。

▼学生3和学生5向学校D提出申请，学生3暂时被接受（保留），学生5被拒绝。

▼学生6向学校A提出申请，暂时被接受（保留）。

学校	保留申请的学生
A	6
B	
C	1
D	3

○第二轮

▼学生2向学校D提出申请，学校D保留学生2的申请，拒绝了学生3。

▼学生4向学校A提出申请，学校A还有名额，所以也保留了学生4的

申请。

▼学生5向学校C提出申请，学校C保留了学生5的申请，拒绝了学生1。

学校	保留申请的学生
A	4、6
B	
C	5
D	2

○ 第三轮

▼学生1和学生3向学校A提出申请，学校A保留学生1和学生3的申请，拒绝了学生4和6。

学校	保留申请的学生
A	1、3
B	
C	5
D	2

○ 第四轮

▼学生4向学校D提出申请，学校D保留学生2的申请，拒绝了学生4。
▼学生6向学校B提出申请，申请被保留。

学校	保留申请的学生
A	1、3
B	6
C	5
D	2

○第五轮

▼学生4向学校B提出申请，申请被保留。

学校	保留申请的学生
A	1、3
B	4、6
C	5
D	2

到此已没有新的申请者，延迟接受算法的步骤结束，匹配确定。

再来确认一下延迟接受算法的优点。首先，在延迟接受算法中，学生如实提交想去的学校，就能得到最有利的结果。也就是说防策略性成立，防策略性完全消除了人们对波士顿机制中运气成分过重的不满。

学校选择学生的优先顺序由学区规则决定，所以学校没有进行策略性操作的空间。所以在择校匹配中考虑防策略性的时候，只需考虑学生喜欢哪所学校。

再者，延迟接受算法能够实现稳定匹配。在择校匹配中，稳定性意味着不会发生"比我排名靠后的人去了我想去的学校"这种情况，所以择校匹配中的稳定性被理解为不会出现嫉妒的公平性。

另外，这个性质还隐含了"不会被分配到比自己所在学区的学校更不想去的学校"这一结果，这相当于在第一章中讲过的"个体合理性"条件。

鉴于这些优点，波士顿市决定自2005年起改变制度，由波士顿机制变更为延迟接受算法。随后,2008年纽约市也决定进行制度改革。

但是在择校匹配中,延迟接受算法并不像应用在实习医生匹配中一样"是唯一的正确答案"。在这个例子中,我们用〇在学生的偏好表格中标出采用延迟接受算法所得到的匹配。

学生\对学校的排序	第一位	第二位	第三位	第四位
1	C	Ⓐ	D	B
2	C	Ⓓ	A	B
3	D	Ⓐ	B	C
4	C	A	D	Ⓑ
5	D	Ⓒ	A	B
6	A	Ⓑ	D	C

认真观察这个结果就会发现,如果学生2和5交换各自要去的学校(C和D),两人都可以去更喜欢的学校,如果这样交换,匹配就会变成下面这样(学生2和5交换后的学校用△标出):

学生\对学校的排序	第一位	第二位	第三位	第四位
1	C	Ⓐ	D	B
2	△	Ⓓ	A	B
3	D	Ⓐ	B	C
4	C	A	D	Ⓑ
5	△	Ⓒ	A	B
6	A	Ⓑ	D	C

但是这个匹配并不稳定。因为学生4会羡慕:"学校D比学校B更好,而且学生5在学校D的排名明明比自己靠后,可他却进去了。"这说明,如果我们把延迟接受算法得到的分配进一步交换,匹配的稳定性就会崩溃。

那么是否应该允许这样交换呢?如果要维持稳定性,当然不应该允许,但从另一个角度来看,这样交换说到底是学生在寻求帕累托改进,应该允许。

如果这个交换发生在实习医生匹配的问题中,如果仅仅考虑实习医生(学生)一方的偏好进行帕累托改进,而无视医院(学校)一方的偏好,是不合适的。但是公立学校没有偏好(说到底也只是排名优先顺序),因此针对学生一方的帕累托改进是值得考虑的。

如果允许在延迟接受算法得出结果之后,再进一步进行交换,那就至少要放弃部分稳定性。

既然如此,就会有这样的构想:索性不考虑稳定性,完全追求帕累托改进,也就是以帕累托最优为宗旨。

我们来考虑一下,将第一章中出现的TTC算法应用在择校匹配中。

采用TTC算法对学生和学校进行组合的方式,称为TTC机制(TTC Mechanism)。TTC机制必须在"初期保有"(如参与分配的学生一开始就有房间住)的基础上才能运用,所以像实习医生匹配这样每个实习医生没有"初期保有的医院"的情况,就不能使用。

而在择校匹配中,因为存在学区的概念,所以我们可以将"每个学生最开始就有入学权的学校作为"初期保有"来进行探讨。而且TTC机制既能满足防策略性,又能在资产(这里是入学权)的分配中实现帕累托最优。此外,TTC算法和延迟接受算法一样,不会把学生分配到比自己所在学区的学校更不满意的学校,所以它也满足个体合理性条件。

考虑到这些,TTC机制是非常有吸引力的。

现在具体确认一下TTC机制的计算及结果。初始状态是各学生分属于自己所在学区的学校。为了表明匹配尚未确定,这里把学生用□标出。

学校	学生
A	①、②
B	③、④
C	⑤
D	⑥

初始状态

学生 \ 对学校的排序	第一位	第二位	第三位	第四位
1	C	A	D	B
2	C	D	A	B
3	D	A	B	C
4	C	A	D	B
5	D	C	A	B
6	A	B	D	C

学生对学校的偏好

对学生的排序 学校	第一位	第二位	第三位	第四位	第五位	第六位
A	1	2	3	4	5	6
B	3	4	1	2	5	6
C	5	1	2	3	4	6
D	6	1	2	3	4	5

学校对学生的偏好

○第一轮

每个学生都用手指出自己最想去的学校，每所学校指出排在第一位的学生：

1→C→5→D→6→A→1

2→C

3→D

4→C

循环从1开始结束于1。按照这个循环，确定学生1得到了学校C的入学权，学生5得到了学校D的入学权，学生6得到了学校A的入学权。

学校	学生
A	②、6
B	③、④
C	1
D	5

○第二轮

剩下的学生在还有剩余名额的学校中指出自己最想去的学校；有剩余名额的学校在剩下的学生中指出排名最靠前的学生：

2→A→2

3→A

4→A

按照循环，确定学生2得到了学校A的入学权。

学校	学生
A	2、6
B	③、④
C	1
D	5

○第三轮

后面的步骤同样通过指定决定，有学生3和学生4两人，学校B也剩两个名额，所以学生3和学生4都得到了学校B的入学权。至此步骤结束。

学校	学生
A	2、6
B	3、4
C	1
D	5

以上，我们对波士顿机制、延迟接受算法和TTC机制这三种方式进行了探讨。现在把它们计算出的匹配结果归纳在下表中。可以看出，采用不同的匹配方式，其结果大相径庭。

学校	波士顿机制	延迟接受算法	TTC算法
A	4、6	1、3	2、6
B	2、5	4、6	3、4
C	1	5	1
D	3	2	5

那么，应该选择哪一个作为波士顿机制的替代方案，是延迟接受算法还是TTC机制呢？既然两者都满足防策略性，那么是不是看重稳定性就选延迟接受算法，看重效率就选TTC机制呢？

还有一点是：稳定性其实也包含了"把学校对学生的优先顺序看成偏好，在此基础上的帕累托最优"这种接近帕累托最优的条件，也就是说虽然采用的是延迟接受方式，但不会和帕累托最优强烈冲突。

此外，这两种方式互相不存在帕累托改进的关系。在偏好表中，我们将延迟接受算法得出的匹配画上○、TTC机制得出的匹配画上△比较一下：

学生 \ 对学校的排序	第一位	第二位	第三位	第四位
1	Ⓐ	Ⓐ	D	B
2	C	Ⓓ	Ⓐ	B
3	D	Ⓐ	Ⓐ	C
4	C	A	D	Ⓐ
5	Ⓐ	Ⓒ	A	B
6	Ⓐ	Ⓑ	D	C

从上表可以看出，有更满意延迟接受算法的学生（2和3），有更满意TTC机制的学生（1、5和6），还有哪种方式都一样的学生（4）。因此不能以帕累托改进为依据来选择延迟接受算法或TTC机制。

不过，我们可以用稳定性和帕累托最优之外的标准来比较。

小岛武仁提出了"人气高的学校得到排名更靠前的学生"这个标准。依据他的研究，如果学生和学校数量非常多，延迟接受算法基本满足这个性质，而TTC机制和波士顿机制则不能满足。

波士顿市决定弃用波士顿机制而采用延迟接受算法时也将TTC机制列为候补。但采用TTC机制时特有的"初期保有"的概念不适合择校的具体情况，这是它未被采用的原因之一。

例如，某个学生因为有哥哥在那所学校上学，所以排名靠前。在这种情况下，转让"有哥哥的权利"是很奇怪的。日本人应该也有同样的感觉。

"只能申请一所学校",问题出在哪?

日本的择校制度由1997年出台的文部省通知《学区制度的灵活运用》所批准,该通知以缩短上学距离、消除校园霸凌以及创建有特色的学校为目的。至少表面上没有明确让学校之间进行竞争。

但是,"有特色"不能不被解读为促进竞争。而且如果人们的偏好有趋同性(对学校的偏好很有可能),相似的学校就会不断地被创建,难以具有特色。公立学校能有多少特色?它在很大程度上会受到传闻的影响。这种担忧存在已久。

甚至还有像大阪市市长桥下彻这样的政治人物,为了促进学校之间的竞争,明确表示要引入择校制度。对此也有人持反对意见。

也就是说,社会对择校制度褒贬不一。

从市场设计的角度来看,日本如果采用择校制的话,最好认真做好匹配。根据政策研究大学院大学副教授安田洋祐的调查,东京二十三区的"典型择校程序"大致框架如下:

- 只能申请一所想去的学校。
- 如果申请者多的话需要进行抽签,没有抽中的申请者列入候补录取名单。
- 抽签抽中但是参加私立学校考试合格的学生不予录取,候补者依次递补。

这个做法最大的问题就是"只能申请一所学校"。这样一来,申请竞争激烈的学校就会有风险,当然也就不满足防策略性。

如果要把择校制度实施好,在允许申请几所学校的同时还应该采用延迟接受算法或TTC机制等比较好的方式来进行匹配。

不好的匹配方式会让人对程序产生不满。不合理的比赛,其结果就是会加深参与者的自卑感。择校制度本身就容易成为话题,既然要做就需要选择更好的机制。这对于提高大家对学校行政的信任也是很重要的。

*　　*　　*

采用延迟接受算法会得到稳定的匹配,而且采取该方式,诚实地表明偏好对"求婚"一方来说往往是上策。在匹配理论中,该方式是和TTC机制并列的最重要的组合决定方式。

到目前为止,本书所解决的问题都没有考虑直接通过货币转移来决定组合,例如在实习医生匹配中就没有考虑"付了钱就能去"这种金钱交易,在择校匹配中也没有考虑入学权的买卖,因为这样更符合现实。

通常的市场则相反,人和物的组合通过支付金钱来完成。下一章,我们将研究人们在付钱买东西的市场中的机制设计问题。是否存在像延迟接受算法一样既能得到好结果,并且诚实是上策的好机制呢?

第三章
怎样才能竞拍成功

为什么有些东西要通过拍卖来出售？拍卖有哪几种形式？哪种最"好"？拍卖理论有其经济价值。

我上学时，穿的衣服积攒到一定程度，就会在周末和朋友们一起去自由市场上卖掉。在新宿的公园、涩谷的楼顶等会场，交完入场费就可以得到一个摊位，铺好野餐垫将摆好的衣服卖给顾客。

用黑色油性笔在胶带纸上写上价格，贴在衣服上做价签。到底应该定价多少，总是很苦恼。当然想尽量卖贵一点，但如果太贵东西就卖不出去。要是连入场费都赚不回来就不好了，卖不完拿回去也很麻烦。

但是二手牛仔裤和限量版的轻便运动鞋，有时价格高也会有人买，所以不能定价过低。结果，我常常就先设定一个心理预期价格，再根据讨价还价达成交易。

画廊和自由市场虽然看上去不同，但是却有相似之处。贴有价签的画挂在展室中，有时很难揣测定价理由。特别是新画家行情尚未确定，不知道定价究竟是高是低。可能画廊定价时也没有充分的把握，贴出"已售出"标志时，也许还觉得应该定个更高的价格。

给行情未定的东西定价是很难的。

如果通过拍卖会卖东西，就不需要自己定价了，因为价格由大家出价决定。其关键在于，价格不是人为规定的，而是自然而然确定的。如果进展顺利，就会有人认可并支付高价。

近年来，政府和行政机关都开始主办拍卖会或是招标，以销售多余的物品或特定的经营权，或是购买公共服务。特别是针对通信企业的频谱拍卖，已为很多国家带来了高达几百万亿日元的收益（日本尚未引进）。

现在经济学中对于拍卖的研究非常活跃，一个重要的契机就是频谱拍卖的成功。我们就以此为例来探求一下拍卖的本质。

频谱和拍卖

我们身边有很多像互联网、手机及电视这样通过无线电波传输信号的机器，每种无线电波的频率都不同。

为了避免无线电波互相干扰，需要将频率依据频带和地区划分使用。所以通信运营商必须得到必要的许可，才能提供通信服务，该许可称为"频谱执照"。

频谱执照经常被比作土地，没有土地就不能建大楼，同样没有频谱执照就无法进行通信。土地有固定的面积，频谱执照的使用也有限制。

今天，通信器材在生活中已经不可或缺，这也使频谱执照的经济价值极为可观。

现在，日本以外几乎所有的OECD国家都在政府举办的拍卖会上进行频谱交易。

在众多频谱拍卖中，最有名的是美国1994年起开始实行的拍卖，截至2012年4月，累计带来了高达780亿美元的销售收益。该案例取得了辉煌成果并引发了广泛关注，随后很多国家都开始开展频谱拍卖。

虽然都是拍卖，但采用不同的交易机制，结果会大不相同。即使只拍卖桌椅，也可以分为单个拍卖和按套拍卖，所以采用何种交易机制，答案并没有那么简单。

频谱执照根据频带和地区可以分为很多种类，由于组合方式不计其数，故卖法之复杂绝非桌椅可比。

美国频谱拍卖的交易机制，是由斯坦福大学教授保罗·米格罗姆（Paul Milgrom）等拍卖理论专家精心制定的。平时，他们都在撰写满是公式的论文。可以说，诞生于笔头的学问带来了780亿美元的收益。

现在，根本问题是：拍卖到底是什么？需要怎么做？为什么频谱最好通过拍卖来出售？

先说明几个基本情况。首先，拍卖是一种市场形态，但与普通的购物不同。它的特点是参与者聚到一起，遵守共同的规则，交易在一定时间内结束。

由于互联网拍卖的普及，拍卖来到了我们身边，但大多数人平时并不采用。例如，在外面吃饭时不会通过拍卖决定午餐的价格，（可能）

也没有人在书店的收银台通过拍卖来买书——因为价格已经确定。

当然也有由定价方式引发的竞争，它也许和拍卖有些类似，但并不是拍卖。拍卖的特点在于事先没有确定价格。

拍卖也不是战时的配给制度，或是通过行政裁量进行的分配。它本质上是一种"以系统性方式推进竞争性交易"的机制。

竞争性交易不是抽签抽中了就能得到。即使会有偶然因素影响竞争，也只是个别情况。

我们所谓的"公平竞争的规则"要尽量排除偶然因素。

那为什么不能通过抽签决定，或是通过行政裁量分配呢？市场采用拍卖机制的必要性又是什么呢？

我们先来看一个最简单的案例——出售某项资产的拍卖会。频谱拍卖的案例非常复杂，所以放在后面研究。

尝试卖出某项资产

接下来考虑一下政府在拍卖会上出售某项资产的情况，例如在拍卖会上出售某个执照。政府是举办拍卖的卖家，既要关注收益，又要关注公共利益。

拍卖会的参与者称为买家，每个买家对该资产愿意支付的最高价格称为他的**评价值**（Evaluation Value）。例如评价值为10万日元的买家，为购买这件资产最多会支付10万日元。

评价值一般是私人信息,也就是说某个买家的评价值卖家和其他买家都不知道。

如果从业执照的买家是**企业**,也许多少可以推测到同业竞争企业的评价值,但是一般不会知道准确数字。

对于作为卖家的政府来说就更是如此,因为原本政府就不是使用该执照的从业主体,信息自然也就更匮乏。实际上,如果卖家能够完全掌握买家的评价值,就没有必要进行拍卖了。卖家直接拜访评价值最高的买家,提出该金额(或者稍低的金额),达成交易即可。

所以,将资产卖给评价值最高的买家很重要。因为就从业执照来说,我们通常认为评价值最高的企业最能有效利用执照并获取收益。而且评价值最高,也就意味着该企业会出比其他买家更高的价格。

将资产卖给评价值最高的买家的交易,是**有效率(Efficient)**的交易。

与拍卖相对,卖家和买家一对一直接交易称为**议价交易(Negotiated Transaction)**。不过现实中几乎没有卖家能够掌握买家的评价值。两者之间存在绝对的信息不对称。

所以,议价交易很难有效率。因为要在议价交易中遇到评价值最高的买家,需要逐一拜访、调查买家。调查需要花费成本,得到的信息也缺乏可信性,甚至连谁是潜在买家,也需要花心思考虑。

与议价交易相对比,我们就会发现拍卖是一种很好的做法。因为对资产感兴趣的买家会集中过来,并宣布"会支付多少钱"。

无论是议价交易还是拍卖,都属于市场性交易。一听到"市场",人们可能认为只有一种市场结构。但是市场也有优有劣,所以在谈到"市场自由化"的时候,必须同时讨论采用什么样的市场。

拍卖的类型:公开式和密封式

先来了解一下基本知识。

拍卖大致分为**公开**(Open)和**密封**(Sealed)两大类,它们各自又有若干种不同的方式。

公开式拍卖的代表案例是**增价拍卖**(Ascending Price Auction,又称**英格兰式拍卖**)。这种方式从最低起拍价格(例如0日元)开始加价,买方"不想出更高的价格"时退出竞拍,当买家只剩下一个时,拍卖结束。

与此相反,还有一种从高价起拍的形式,价格不断下降,直到某个买家说"我要买"时,拍卖结束。这种拍卖方式称为**降价拍卖**(Descending Price Auction,又称"**荷兰式拍卖**")。

增价拍卖广泛应用于互联网拍卖、艺术品拍卖等各种场合。相较而言,降价拍卖很少见,东京的大田花市会采用。

密封式拍卖是买家将写有出价金额的纸放入信封交给主办者,金额一旦提交,不能中途变更。最后,拍卖的主办者打开信封,宣布出价金额最高的买家获得竞拍标的物。

有一个问题需要注意：政府在为公共事业、服务订购等招标时，价格最"低"者获胜。因为投标者不是在购买财物，而是在销售服务，所以高和低要反过来。我们可以将所写金额理解为"负值"。例如以100万日元承包服务的企业和以120万日元承包服务的企业竞标，负100万日元高于负120万日元，所以出价100万日元的一方获胜。

关于密封式拍卖的成交金额，主要有两种确定方式。

广为人知的是第一价格拍卖（First-Price Auction）。采用这种方式，获胜者支付的是自己的出价金额——最高的出价金额。公共事业投标基本都采用这种方式，在这种情况下，出价最低的企业中标。

此外还有第二价格拍卖（Second-Price Auction）。采用这种方式，获胜者支付的是出价金额中第二高的金额。也就是说，获胜者的出价金额是最高的，但是他并不支付该出价金额，而是支付仅次于它的第二高的出价金额。

例如有两个参与者，一方出价10万日元而另一方出价5万日元，出价10万日元者获胜，但只需支付5万日元。

拍卖分为公开式和密封式，每种都有若干种不同的方式。那么，这几种方式分别有什么优势呢？

竞拍者的出价策略

第一价格拍卖非常简单。就是每个买家出价，金额最高者赢得标的物，支付出价金额。

但在这种方式下，买家的决策过程非常复杂。作为买家来说，既想要在拍卖中获胜，又希望支付的金额尽可能低。但因为还存在其他的参与者，如果出价比别人低就会输。此外，出价也不能超过他可以支付的上限，即超过评价值。

也就是说，每个参与者都想在不超过其评价值的范围内出价比其他买家略高，但问题是事先并不知道其他参与者会如何出价。所有参与者都面临这种情况。

大家的预测都不准确，所以结果揭晓时，经常会出现意想不到的结果。

比如自己打算支付的金额不超过10万日元，但因为预计其他参与者只会支付5万日元左右，所以决定出价6万日元。结果没想到有人出价7万日元，自己就因没有得到标的物而感到失望（图6）。

这个结果不仅本人遗憾，从整体上看也不理想。首先对于卖家来说，本来应该可以卖到更高的价格，结果却没能实现，收益性不佳。

另外，对拍卖品评价值高的人未能获胜，就意味着他可能会在拍卖后从中标者那里（比如以8万日元）购买。这样的转卖本身并无不妥，

图 6　第一价格拍卖的例子

但是留有转卖余地的拍卖本身就没有实现资源的有效分配。

转卖者所获得的利益本来应该由拍卖主办方获取。而且一般来说，如果市场不够完备，转卖本身也不会顺利。如果要在转卖市场中再次进行拍卖，我们仍然需要探讨拍卖的机制。

第一价格拍卖的结果强烈依赖于彼此之间的预测，这就意味着其结果容易被运气操纵，所以很难说这种规则是公正的。

第二价格拍卖又是如何呢？在这种方式中，只需写下自己的评价值——10万日元，如果对方出价5万日元，自己获胜，且仅支付5万日元；如果对方出价7万日元，自己获胜，且仅支付7万日元。总之，支付金额不会超过10万日元。

对人类的策略性操作进行数学性分析的博弈论，将无论对手采取怎样的行动，对自己来说总是最有利的做法称为**占优策略**（Dominant Strategy）。在第二价格拍卖中，每个参与者原原本本地按自己的评价值出价就是占优策略。因为如果出价低于评价值，非但失败的可能性会增加，获胜时支付的金额也不能减少；而如果出价高于评价值，本应竞价失败的拍卖却获胜了，此时需要支付的金额有可能会高于自己的评价值，等于是一种损失。

这说明第二价格拍卖满足防策略性。

重复一下，在第二价格拍卖中，各买家只要按各自的评价值出价即可。无论对方如何出价，如实报告评价值一定是最恰当的，无须预测对方的做法。除了考虑自己的评价值是多少，决策成本为零。与第一价格拍卖不同，第二价格拍卖完全没有投机性。

也就是说，大家都如实提交评价值，结果是评价值最高的买家获胜，即实现了资源的有效分配。

因为没有投机性，场面也就不会混乱。对于长期经营拍卖的从业者来说，也可以期待收益的稳定化。

通过互联网进行免费检索，针对检索词语经常会出现带有企业链接的广告，这多是检索网站的经营者通过拍卖向企业出售了该词语的广告位。例如搜索"旅行"，旅行社的广告会出现在页面上方，就是因为该旅行社购买了针对"旅行"这个词的广告位。在这类拍卖中，价格设定上有时会融入类似第二价格拍卖的想法，以实现收益的稳定。

对于很多人来说，第一价格拍卖支付金额的决定方式比第二价格拍卖更直观，但直观并不意味着这种拍卖方式就好。实际上在防策略性上第二价格拍卖比第一价格拍卖更有优势。

密封式和公开式拍卖粗看做法大不相同，那它们之间存在怎样的对应关系呢？

来考虑一下公开式的增价拍卖。设有两个参与者 A 和 B，A 的评价值是 10 万日元，B 的评价值是 5 万日元。

在增价拍卖中，价格一直上升到剩下最后一个买家。现在的例子中，在不超过 5 万日元时 A 和 B 都想买，但是一旦上升到 5 万日元 B 就会退出拍卖，而A获胜，拍卖结束。

　　结果就是评价值最高的A支付第二高的评价值5万日元拍得标的物。出人意料的是这个结果和第二价格拍卖相同。

　　第二价格拍卖是密封式的，不够直观。而增价拍卖是公开式的，应用更广泛。但这两者本质上是一样的。

　　再来考察一下降价拍卖。这种拍卖方式是从很高的金额——例如20万日元开始逐步降价，一直降到A、B之中有一方说"我要买"。这种情况是不是和第一价格拍卖很类似呢？

　　其实降价拍卖虽然在分类上被划分为公开式，但是在拍卖过程中可以知道的只有"拍卖尚未结束，还不能说谁会买"这一点，此外并未公开任何信息。对于买家来说问题就是，他在预测别人行动的同时，还要决定自己何时表示购买意愿。

　　A和B都希望在评价值以下尽量以低价拍得标的物。所以在降价拍卖中，买家就是要在价格降到比自己的评价值要低的时候，在对手可能要喊出"我要买"的一瞬前，说出"我要买"。这和第一价格密封拍卖中，想在不超过自己的评价值的条件下出价比对方略高，本质上是一样的。

　　也就是说，虽然降价拍卖和第一价格拍卖表面上大相径庭，但是两种方式中买方面临的状况是一样的。增价拍卖和第二价格拍卖、降价拍卖和第一价格拍卖是**策略等价**（Strategically Equivalent）的。

哪种方式能卖出高价？

如果采用第二价格拍卖，卖方或许会担心因为价格是"第二高的价格"，收益会被压低。

让我们来思考一下，第一价格拍卖和第二价格拍卖，哪个对卖方来说更有利。

首先应该注意一点：要采取何种拍卖方式，必须在拍卖开始之前就决定下来，此时还不清楚买家的情况。而且既然只能采用一种拍卖方式，那么在拍卖结果尘埃落定之时，再后悔"用别的方式就好了"完全无济于事。

也就是说，对得失的权衡，需要在拍卖会开始前就完成。卖方要在概率上预测买家的评价值，在此基础上判断哪种方式有利。

先来考虑一下第二价格拍卖。我们知道在这种方式下，大家都会诚实地将自己的评价值作为出价金额报告出来，也就是说卖家的期望收益，就是第二高评价值的预测值。

例如，预计第二高的评价值有50%的概率是2万日元，50%的概率是1万日元。此时用概率对金额加权平均，得到1.5万日元，该值称为期望收益，即在第二价格拍卖中可以得到的预期收益。

而在第一价格拍卖中，买方会采取策略性操作，我们尝试这样考虑：首先，所有买家都不知道其他人会如何出价，但是会在概率上预测别人会如何出价，然后本着将自己的预期收益最大化的想法做出报价，所有买家都是如此［详细情况不做赘述，可用博弈论中的贝叶斯纳什均衡（Bayesian Nash Equilibrium）对此进行分析］。在这种拍卖方式中，最高出价金额——第一价格，就是卖家的收益。

这样计算出的卖家在第一价格拍卖中的期望收益，实际上和他在第二价格拍卖中的期望收益一致。威廉·维克里（William Vickrey）1961年发表在《金融》(*The Journal of Finance*) 上的论文对此做出了证明，称为**收益等价定理**（Revenue Equivalence Theorem）。

维克里富于创新性的论文拉开了拍卖理论这个新领域的序幕，他因为这项贡献于1996年获得诺贝尔经济学奖。

收益等价定理所传达的信息十分明晰：卖家不需要从收益的角度考虑究竟应该采用第一价格拍卖还是第二价格拍卖，因为两者的期望收益相同。既然如此，根据其他条件做出选择就可以了。比如说，想要满足防策略性，就选择第二价格拍卖。这样一来拍卖的投机性降低，分配更有效率，卖家也总能以第二高的价格卖出商品。

"第二价格"其实并不低。因为这个金额是"失败者所报出的最高评价值"，高到所有失败者都不会有"我会支付比这更高的金额，卖给我！"的想法。

换言之，就第二价格拍卖的结果而言，竞价失败者对于胜利者的感觉是"我没打算付那么高的价格买"。从这个意义上来说，失败者不会羡慕获胜者，可以说在某种程度上实现了公平。而且在所有满足防策略性的拍卖方式中，满足这个公平性条件的就只有第二价格拍卖。这个特性从收益等价定理之外的角度，肯定了第二价格拍卖。

收益等价定理成立需要满足几个前提条件，这里我们不详细说明了。如果这些条件在现实中基本满足的话，该定理强有力的结论就会有效。

把握人类在不确定条件下如何采取行动，并在此基础上进一步计算期望收益非常困难。但是收益等价定理做到了，并给出了明确的结论。所以，该定理作为选择拍卖方式的参照标准，受到了重视。但该定理在一个投标人同时竞拍两个以上拍卖品时一般不成立。基本上，该定理仅在单个商品的拍卖中有效。

最优拍卖与买家人数

现在你是某项资产的卖家，为选择拍卖机制犹豫不决，一心希望将期望收益最大化。

哪种拍卖方式会使期望收益最大呢？美国的经济学家罗杰·迈尔森（Roger B. Myerson）、约翰·赖利（John Reilly）和威廉·萨缪尔森（William Samuelson）等研究了这个课题。

前面谈到，第二价格拍卖具有优势。那么卖家为了提高期望收益可以在这种方式的基础上做什么文章呢？

理论上，可以想到的就是视情况设定拍卖底价。设定这个价格必须慎重——要低于最高评价值，并且高于第二高的评价值（尽可能接近最高评价值）。顺利的话，卖方可以获得高于第二高评价值的收益。

但是这种做法存在风险，因为卖方在拍卖之前不知道最高和第二高的评价值。如果设定的底价过高有可能会没有人买，而如果设定的底价过低又会很容易被跳过，因而失去设定底价的意义。

通过设定底价可以提高期望收益。再进一步说，在第二价格拍卖中通过计算巧妙地设定底价，可能将期望收益最大化。

这样设计出来的拍卖机制，称为**最优拍卖**（Optimal Auction），但是这里所说的"最优"，说到底是对卖家的期望收益来说最优。

在第二价格拍卖中，卖家觉得第二高的价格太低，不满意，所以预测第二高的价格，设定高于它的底价。但是这样也有可能会出现因底价设定过高而没人买的情况，在这种情况下，底价就没有意义。不过从整体上看，期望收益会提高——这就是最优拍卖的构想。

我不太想用"最优"这个词，因为总觉得这个想法有点小气。这个最优拍卖会提高多少期望收益呢？实际上也没有多少。

采用第二价格拍卖而不设定底价，此时每增加一个买家，期望收益就会上升一点。因为增加买家数量，会提高第二价格上升的概率。

实际上，第二价格拍卖中，加入一个新买家时卖家期望收益的增加额，比采用（第二价格拍卖的）最优拍卖时，卖家期望收益的增加额要大。

想恰到好处地设定底价，必须充分掌握买家评价值的概率分布信息。但是即使有了这些信息，比起计算恰当的底价，设法增加拍卖会的参与者效果会更好。

该结论由杰里米·布劳（Jeremy Blau）和保罗·克伦佩勒（Paul Klemperer）于1996年发表在《美国经济评论》（*The American Economic Review*）上。

最优拍卖这个构想是很有意思的，但是说"最优"也许就有些言过其实了。

这并不是要简单地否定设定底价这种做法，如果卖家一定要卖到某个金额以上，那当然要将该金额设定为底价。

最优拍卖中的底价，不仅仅意味着"如果低于这个价格就不卖了"，它说到底还是一个为了提高期望收益，通过概率计算所得出的值，只是这个做法优点不多。

但如果买方人数有限，并可以很准确地预测到最高评价值的话，设定接近该值的底价也许会奏效。当然这种情况下，如果把底价定得过高，也会存在零收益的风险。

第二价格拍卖和增价拍卖，选哪个好？

前面主要谈了第二价格拍卖，该方式和与其策略等价的增价拍卖相比，哪个更理想呢？

首先就拍卖中经常出现的问题——串通出价来做比较。

在增价拍卖进行的过程中，买家可以观察到别人如何出价，所以如果买家在事先进行了串谋，就很难违背约定。因为一旦违约，违约行为马上就会暴露在其他买家面前，所有人又会开始原本的价格竞争。也就是说，即使违约也无法抢占先机。

接下来看第二价格拍卖。由于它属于密封式拍卖,所以在结果揭晓前，违约不会暴露。从这个意义上讲，串谋很容易告吹，也就难以串通出价。

但无论哪种拍卖方式，都无法完全排除串通出价的可能性。例如，买家是有长期合作关系的同业，如果他们坚持都出低价的话，卖家的收益就不可能提高。

所以无论采取哪种方式，最好的对策都是要聚集众多买家，广纳新的参与者，活化竞争。从这个意义上来说，串通出价的应对之策，不在拍卖机制本身，而在拍卖机制之外。例如，可以寄希望于公平交易委员会、反垄断法、防止串通出价的相关法律等。

接下来，我们从保护获胜者个人信息这一点来比较一下第二价格拍卖和增价拍卖。就执照来说,在拍卖中获胜的企业经营者，其评价值（至少在一定程度上）显示了他预计从该执照中能够获得的金额，该金额对于企业经营者来说是有关经营的重要信息，所以希望尽可能不公开。

因此，如果采用增价拍卖，在评价值第二高的买家退出的瞬间，获胜者确定，拍卖结束，获胜者的评价值就是个秘密。

而在第二价格拍卖中，获胜者的出价金额基本上都会公开。而且在第二价格拍卖中，诚实提交是最佳策略，这个出价金额就是评价值本身。

拍卖的主办者可以不公开获胜者的评价值而只公开"此人获胜"，但是如此一来失败者可能会想"真的是他获胜吗"，从而对此次拍卖留下不透明的印象。

还有个问题与此相似：在采用第二价格拍卖时主办者需要获得买家信任。例如在某次拍卖中，某个买家出价1万日元取得标的物，这时主办者说："第二价格是9999日元，请付款9999日元。"

此时，如果获胜者不相信主办者，他就会觉得主办者在说谎：主办者报出的金额会不会高于真正的第二价格呢？如果主办者被认为耍了手段的话，他就很难再继续从事拍卖了。

考虑到这些，可以说增价拍卖比第二价格拍卖更透明，所以主办者也更容易得到买家的信任。

严格来讲，即使采用增价拍卖，主办者也可能耍手段——自己加入竞拍提高价格。但是这种做法也可能是自己获胜，造成零收益。作为主办者来说这是最坏的情况。因此，买方不必过分担心卖家会耍手段。

此外，虽说第二价格拍卖满足防策略性，但既然是密封式，"一举定胜负"的感觉就很强。因此，可以说与第二价格拍卖本质相同，且属于公开拍卖的增价拍卖更为理想。

拍卖标的物价值不明

前面谈的拍卖，各买家对拍卖标的物都有自己的评价值。我们把这种情况称为**私人价值**（Private Value）。

但是有的商品，所有买家都不知道其真正价值，对所有买家来说，该价值相同。我们把这种情况称为**共同价值**（Common Value）。

比如针对中东某个特定区域石油开采权的拍卖。这类拍卖中的买家是综合贸易商和能源相关企业。

即使得到开采权，也不确定究竟能开采出多少石油。实际上，如果不开采就不知道储量，无论哪个买家开采，情况都是如此。

当然，拍卖获胜者为了获得开采权，要向卖方付钱。此外，开采也需要花费大量财力，所以如果开采不出石油的话就会损失惨重。

在共同价值的案例中可能会发生下面的情况。

首先，所有买家都不知道这个开采权实际上可以产生多少石油，但他们都会通过各自的信息渠道和数据分析预测，确定出价金额。

最后，出价金额最高的买家就成为获胜者，这个人是谁呢？就是对产量预估最乐观的人。但是石油产量也许没有预估的乐观。所以即使在拍卖中获胜，也不见得会得到期望的收益，有时还会蒙受损失。

这称为**胜者的诅咒**（Winner's Curse）。胜者的诅咒在买家充分采取了策略性行动，或是掌握了高精确度信息的情况下不会发生，而在共同价值拍卖中经常会出现（泡沫经济就是例子）。

再举一个例子。艺术品如果以自己欣赏为目的估值，就是私人价值，如果以投机为目的，将来的转卖金额就很重要，此时就是共同价值。介于私人价值和共同价值之间的情形，称为**关联价值**（Interdependent Value）。就艺术品来说，如果同时具备欣赏和投机目的，就有关联价值。

艺术品经常成为投机对象，拍卖时动辄以几亿日元的价格成交。还有所谓的"艺术品基金"，专门以投机为目的购入艺术品。

2008年3月在佳士得拍卖行，可能出自镰仓时代佛像雕刻家运庆之手的佛像以约12.7亿日元的高价成交。

同年5月在苏富比拍卖行，现代美术家村上隆的作品《我的寂寞牛仔》拍出了约16亿日元的天价，引起强烈反响。这个价格远远超过了主办方的预期金额（3亿~4亿日元）。

买者究竟是谁，没有对外公开，也不清楚购买目的为何。哪怕是名垂美术史的作品，如果今后的转卖无法达到理想价位，就会遭遇胜者的诅咒。

目前看来，村上隆的作品受到这样的拍卖结果的影响，整体上呈现出上升的趋势。这是因为拍卖有提供参考价格，即创造"行情"的功能。买家不止考虑"对于自己来说价值几何"，还要考虑"别人会如何评价"。这种情况不限于艺术品，其他商品也很常见。这就是一个关联价值的案例。

但是与私人价值不同，关联价值下的增价拍卖和第二价格拍卖在策略上并不等价。因为在增价拍卖中，买家自己的评价值会受到别人的影响而变高，卖家的期望收益也会因而变高。

通过拍卖销售国债

包括日本在内的很多国家都通过拍卖出售部分国债。很多人都有这样的印象：所谓国债就是"国家借款"。但站在买家角度考虑，国债也可以说是"一定时期后从该国政府以该国货币形式获得一定金额的权利"。

来考虑一个最简单的例子。某人购入了一年后能够领取1万日元的国债（实际上并没有这样的商品）。

这个交易多少会伴随着风险。首先如果一年后物价上涨，这"1万日元"的价值会下跌；如果一年后日元的国际价格下跌的话，这1万日元的对外价值也会下跌；更极端一些的情况，如果一年以后日本灭亡的话，国债就完全失去了价值；甚至一年后自己是否还活着，我们都不能保证。

考虑到这些,就不会为了买这个国债支付1万日元。但如果支付的金额低于1万日元——例如9000日元的话,就可能会考虑购买。$10000 \div 9000 = 1.1111\cdots\cdots$这相当于购买9000日元年利率高于11%的国债。

这只是举个例子,发达国家的国债年利率根本不可能超过11%,不过国债和利率确实是这样的理念。

国债拍卖和前面所讲的拍卖的一个很大区别,就是国债不是按照一个单位或一手出售,买家也不只想购买一个单位。

也就是说,要研究国债拍卖,就必须考虑交易多单位商品的拍卖,只不过出售的商品只有一种,那就是国债,也就是出售多单位同种商品。这种拍卖称为**同质商品拍卖**(Auction of Homogeneous Goods)。后文中,我们用m表示资产的数量。

在同质商品拍卖中,如果每个买家只需要一个单位,就可以和单一商品拍卖同样对待。例如,出售m个商品时,第二价格拍卖的想法就可以扩展为m人获胜,支付第$m+1$高的出价金额。这样的拍卖方式被称为**最高失败价格拍卖**(Highest Losing Bid Auction)。该方式满足防策略性等第二价格拍卖的所有性质。

但是在国债拍卖中不能设定买家只购入一个单位。因为国债的买家主要是金融机构,他们常常会购入几万、几亿单位国债。而且,此时的最高失败价格拍卖也不满足防策略性,所以我们需要找到其他更为简单有效的做法。

怎样才能满足防策略性?

出售单一商品时,第二价格方式是满足防策略性的理想方式。那么在出售多单位同质产品的拍卖中,哪种拍卖方式才能满足防策略性呢?我们先说明一下本节讨论的主要内容:

- 从定义就可以看出,出价成交拍卖(Pay-as-Bid Auction)不满足防策略性。
- 最高失败价格拍卖也不满足防策略性。这种方式看起来似乎满足,所以可能需要花工夫来证明。
- 无论怎样对最高失败价格拍卖进行修正,都不能使其满足防策略性。所以需要进一步改变想法。
- 维克里拍卖这种新方式满足防策略性。

接下来的讲解,可能与本章之前的说明相比有些复杂(虽然这个问题很有意思)。如果读者感到问题太复杂,可以在理解了前面所述的梗概后,直接阅读下节"到底哪种方式好?"

下面举一个很简单的例子。让我们考虑一个拍卖5个同质商品的情况。设有3个买家(A、B、C),下表标明了每个买家对购得不同数量的商品分别会支付多少钱。

买家	1个	2个	3个	4个	5个
A	5	10	13	16	18
B	6	10	12	13	14
C	7	13	14	15	16

评价值

表格中的数字,单位取"万日元"(当然,单位定为"日元"或是"亿日元"也可以)。例如 A 购买一个该商品,愿意付的最大金额是 5 万日元。

也就是说,买家 A 购买 1 单位某商品最多愿意支付 5 万日元,2 单位愿意支付 10 万日元,3 单位愿意支付 13 万日元,4 单位愿意支付 16 万日元,5 单位愿意支付 18 万日元。于表格中其他买家也是同理。

换个说法,也就是买家 A 对该商品的价值是这样评价的:

- 第一个 5 万日元
- 第二个 5 万日元(10-5=5)
- 第三个 3 万日元(13-10=3)
- 第四个 3 万日元(16-13=3)
- 第五个 2 万日元(18-16=2)

这样得出的对于每个追加资产的评价称为**边际评价**(Marginal Evaluation)。

在同质商品拍卖中,采用边际评价来做说明,比采用评价值更方便。将买方的边际评价归纳为下表:

买家	1个	2个	3个	4个	5个
A	5	5	3	3	2
B	6	4	2	1	1
C	7	6	1	1	1

边际评价

首先忽略策略性操作来考虑一下，在拍卖中买方会这样出价：

- A的出价：前2个每个5万日元，再2个每个3万日元，最后1个2万日元。

- B的出价：第1个6万日元，第2个4万日元，第3个2万日元，最后2个每个1万日元。

- C的出价：第1个7万日元，第2个6万日元，最后3个每个1万日元。

在这些出价中把竞拍到前5个商品的边际评价画上○，接下来的讨论就方便了。

买家	1个	2个	3个	4个	5个
A	⑤	⑤	3	3	2
B	⑥	4	2	1	1
C	⑦	⑥	1	1	1

排在前5位的出价

下面来看几个有代表性的拍卖方式。

最容易理解的是出价成交拍卖。该方式是从排在前面的边际评价值按顺序分配商品,中标者支付自己出价的金额。这种方式也常常被称为**价格歧视拍卖**(Discriminatory Price Auction)。

在此种方式下,C首先购得一个,支付7万日元,接着是B和C各购得一个,各支付6万日元,然后A购得两个,共支付10万日元(每个5万日元)。

也就是说,出价成交拍卖的结果如下:

买家	竞拍到的个数	支付金额
A	2	5+5=10
B	1	6
C	2	7+6=13

出价成交拍卖的结果

可以说出价成交拍卖是对第一价格拍卖的扩展。那可能就有人会想,满足防策略性的第二价格拍卖的扩展又是什么呢?答案就不那么简单了。

首先来考虑一下最高失败价格拍卖。现在出售5个资产,排在第六位的出价金额就是每单位该商品的支付价格,这里B所出的4万日元就是支付价格。

采取这种方式,拍卖结果如下:

买家	竞拍到的个数	支付金额
A	2	2×4=8
B	1	1×4=4
C	2	2×4=8

最高失败价格拍卖的结果

但是最高失败价格拍卖不满足防策略性。原因显而易见，如果 B 将对第二个商品的出价金额"4"改低（比如"3"），就可以使每单位的商品价格下降到 3 万日元，B 就会获益（此时 A 和 C 同样获益）。

也就是说，B 可以通过策略性行动将支付金额从每单位 4 万日元降至 3 万日元。所以最高失败价格拍卖不满足防策略性。这种方式没有继承第二价格拍卖的优点。

于是会出现这样的想法：现在的例子中，因为 B 支付的金额（第六高的出价金额）就是自己的出价金额，所以可以进行策略性操作。但是第二价格拍卖之所以能够防止策略性操作，就是因为获胜者支付的金额是由别人的出价金额所决定的。

也就是说，如果要在这里沿用第二价格拍卖的想法，每个单位价格应该定为"在其他人的出价中，未能拍得该商品的最高出价"。这样完成的方式称为**修正最高失败价格拍卖**。

结论是，这种拍卖方式依然不完善，仍不能满足防策略性。现在我们用前面的例子，分析一下修正最高失败价格拍卖：

- A 的出价：前 2 个每个 5 万日元，再 2 个每个 3 万日元，最后 1 个 2 万日元。
- B 的出价：第 1 个 6 万日元，第 2 个 4 万日元，第 3 个 2 万日元，最后 2 个每个 1 万日元。
- C 的出价：第 1 个 7 万日元，第 2 个 6 万日元，最后 3 个每个 1 万日元。

此时结果如下。A 和 C 的修正最高失败价格是 4，B 的修正最高失败价格是 3。这里假设参与者的出价金额与他的评价值一致，将通过拍卖获益的金额——"评价值和支付金额之间的差"也一并记入。例如 A 对于 2 个资产的评价值是 10，支付金额是 8，差值就是 2。

买家	竞拍到的个数	支付金额	评价值和支付金额的差
A	2	2×4=8	5+5−8=2
B	1	1×3=3	6−3=3
C	2	2×4=8	7+6−8=5

修正最高失败价格拍卖的结果

买家	1个	2个	3个	4个	5个
A	⑤	⑤	3	3	2
B	⑥	4	2	1	1
C	⑦	⑥	1	1	1

边际评价（再次列出）

这个结果看起来好像满足防策略性，但实际上仍有疏漏。因为可能会有买家故意降低出价金额，减少拍得的商品数量，从而获益。

比如，如果买家A将出价改为"第1个5万日元，后面4个每个1万日元"，即下表：

买家	1个	2个	3个	4个	5个
A	⑤	1	1	1	1
B	⑥	④	2	1	1
C	⑦	⑥	1	1	1

A采取策略性操作（最高的5个出价用〇标出）

此时A和C的修正最高失败价格是2，B的修正最高失败价格是1，结果就变成下面这样：

买家	竞拍到的个数	支付金额	评价值和支付金额的差
A	1	1×2=2	5-2=3
B	2	2×1=2	6+4-2=8
C	2	2×2=4	7+6-4=9

修正最高失败价格拍卖的结果（A采取了策略性操作）

与不采取策略性操作时的结果相比，A的评价值和支付金额的差从2增加为3。也就是说A采取策略性操作，虽然只能拍到一个，但是支付金额降低了，整体看来是获益的（在本例中，B和C也因此获益）。修正最高失败价格还是没能满足防策略性。

到底怎样做才能满足防策略性呢？答案就是维克里拍卖。

在维克里拍卖中，获胜者如果得到两个资产，就要支付相当于"其他人未能获胜的出价中排在前两位"的金额。这时A得到两个资产,其他人未能竞拍到的出价金额就是B"4、2、1、1"和C"1、1、1",这些数字中排在前两位的是4和2,所以A支付总计6万日元。

为了弄清逻辑,我们再来看一下各买家的边际评价(排在前5位的画○)。

买家	1个	2个	3个	4个	5个
A	⑤	⑤	3	3	2
B	⑥	4	2	1	1
C	⑦	⑥	1	1	1

边际评价(再次列出)

买家在维克里拍卖中按照评价值出价,也就是和前面一样出价:

- A的出价:前2个每个5万日元,再2个每个3万日元,最后1个2万日元。
- B的出价:第1个6万日元,第2个4万日元,第3个2万日元,最后2个每个1万日元。
- C的出价:第1个7万日元,第2个6万日元,最后3个每个1万日元。

结果如下:

买家	竞拍到的个数	支付金额	评价值和支付金额的差
A	2	4+2=6	5+5-6=4
B	1	3	6-3=3
C	2	4+3=7	7+6-7=6

维克里拍卖的结果

这里，如果买家A还像之前一样策略性出价"第1个5万日元，后面4个每个1万日元"，就不能够获利了。如果他这样出价，结果就变为：

买家	竞拍到的个数	支付金额	评价值和支付金额的差
A	1	2	5-2=3
B	2	1+1=2	6+4-2=8
C	2	2+1=3	7+6-3=10

维克里拍卖的结果（采取了策略性操作）

此时，买家A的评价值和支付金额的差从4降为3，也就是说，采取策略性操作使A受损。所以维克里拍卖满足防策略性。

到底哪种方式好？

出价成交拍卖和最高失败价格拍卖（及其变体）是国债拍卖的主要方式，而哪种方式更理想，仍然没有统一的看法。

单一商品拍卖中有收益等价定理。第一价格拍卖也好，第二价格拍卖也罢，收益的期望值是一样的。但是在多个商品的拍卖中，收益等价定理成立的情况极其有限，几乎没有意义，所以该定理无法发挥作用。

美国1992年将一部分国债的销售方式由出价成交拍卖变更为类似于最高失败价格拍卖的方式。

出价成交拍卖是将第一价格拍卖扩展于多件拍卖品的拍卖方式，所以它也原封不动地保留了第一价格拍卖会出现策略性操作的缺点。当时变更拍卖方式的主要原因，就是要消除这个缺点。

但是前面已经阐述过，最高失败价格拍卖并不满足防策略性：该方式并没有保留第二价格拍卖的优点。

1991年，美国经济学家米尔顿·弗里德曼（Milton Friedman）和默顿·米勒（Merton Miller）在报纸上发表了最高失败价格拍卖满足防策略性的内容，建议美国政府将出价成交拍卖变更为最高失败价格拍卖。

米尔顿·弗里德曼和默顿·米勒都是获得过诺贝尔经济学奖的著名学者，但他们并非拍卖理论的专家，所以可能在观念上有所误解。

日本的国债拍卖主要采用出价成交拍卖，而且如今日本国债需求高涨，无论采用哪种方式结果都不会有什么不同。

再多说一点，因为需求旺盛，所以最高中标价格和最低中标价格很接近。以单一商品拍卖为例，想要拍得该商品的买家数量很大，以至于第一价格和第二价格基本一样，所以几乎没有余地进行策略性操作。

也有人据此认为："这证明日本的国家财政受到信任。"但我们不能这么轻易下结论。

因为国债既有私人价值又有共同价值，是关联价值资产。

例如，对持有大量高风险、高收益债券的投资人来说，国债是相对安全的资产；而对于已经持有很多国债的投资人来说，进一步增持国债是相对有风险的选择。也就是说，从买家投资组合的角度来看，国债是私人价值。此外，对日本有感情所以购买日本国债，也是私人价值。

另一方面，对每个投资者来说，国债的价值除了受国家的偿债能力影响之外，还受到通货膨胀和汇率的影响。从这个层面上来说，国债具有共同价值。

如果共同价值的倾向较强，日本的国债拍卖就可能发生胜者的诅咒，过于乐观的买家会踊跃购买。

那么今后如果日本的国债销售不够坚挺的话，应该引入哪种拍卖方式呢？好的拍卖机制不是魔杖，但是可以减少不必要的麻烦。

具有防策略性的维克里拍卖会是很好的候补。与其他方式相比较，这种方式规则稍有些复杂，但它能被作为买方的金融机构专业人员所理解。

如果希望采用更简单的方式，可以考虑修正最高失败价格拍卖。它虽然不完全满足防策略的要求，但是与其他方式相比，对防止策略性操作很有效。

此外还有人认为公开型拍卖比维克里拍卖这种密封式拍卖更理想。如果是这样，马里兰大学的劳伦斯·奥苏贝尔（Lawrence Ausubel）教授提出的奥苏贝尔拍卖是很好的候选方式。

这里不多解释，奥苏贝尔拍卖是公开式的，和维克里拍卖在策略上等价，结构有些复杂，但是兼具公开型和维克里拍卖的优点。奥苏贝尔的论文于2004年发表在《美国经济评论》（*The American Economic Review*）上。它内容新颖，现已受到理论家的广泛关注，也许某个国家会在国债拍卖中引进。

频谱拍卖的实践

让我们回到本章开头讲过的频谱拍卖,为本章的内容做一个总结。

过去,美国通过行政裁量的方式分配执照,也就是由行政机关审查来决定获得执照的企业。但是审查要花费时间,能够了解的事情也不多,所以无法做出有效率的分配。本来应该分配出去的执照却有很多剩余。

之后,美国又通过随机抽签来分配执照。这种做法非常草率,当然也不可能实现有效率的分配。在这种背景下,才引入了拍卖。

1994年起由美国联邦通信委员会(Federal Communications Commission)主办的频谱拍卖,其成功特别引人关注。截至2012年4月,收益总额高达780亿美元。

美国行政管理和预算局(Office of Management and Budget)事先预估的交易金额是100亿美元,但企业对此反应冷淡,觉得根本不可能付这么多钱。这些事实告诉了我们什么?

首先,政府虽然拍卖成功,但是结果却大大偏离了预期。政府的判断如此不准,靠行政裁量来分配又怎么会有效率呢?日本也一样。2007年,总务省在审查中给了WillCom最高分,并向其颁发了执照,结果该公司之后就破产倒闭了。

同样,企业也会严重失算。也就是说,民间并不比政府聪明。

拍卖相关的所有主体都不可能预测到价格。并不是谁做得不好。因为拍卖的功能，就是要使商品没有人知道的经济价值以价格的形式呈现出来。

保罗·米格罗姆接受委托设计拍卖机制，他最终找到的方案是被称为**同时增价拍卖（Simultaneous Ascending Auction）**的方式。该方式对每张执照分别用增价拍卖的方式进行拍卖。最重要的是，该方式规定每张执照拍卖的开始时间一致，而且在其他拍卖结束之前，任何一个拍卖都不能结束（还有很多细则）。

如此一来，在拍卖过程中如果某个执照的价格过高，企业就可以改拍其他类似的执照。这种做法可以使类似的执照价格接近，也就是实现了一物一价。

亚当·斯密曾用"看不见的手"来形容市场价格的自动调整，像是在黑箱中一样。可以说同时增价拍卖可以让我们看到这个黑箱的内部。

以美国的成功为开端，现在几乎所有的OECD国家都已采用拍卖的形式出售频谱。其中也有出现泡沫的，也有收益低迷的。但也正因如此，我们积累了更多的经验和知识。

日本尚未引入频谱拍卖。民主党2009年在众议院的选举宣言中曾提过要引入，但是相关的无线电法修正案却因2012年众议院的解散而作废。

另外，是否要对羽田机场的新建跑道进行拍卖，也曾被纳入讨论。但该议案同样也在2012年众议院解散后废止。结果是由国土资源省通过裁量进行分配。

在政权更迭后的2013年1月，自民党出身的日本总务相新藤义孝表明了政府不进行频谱拍卖的方针，但并没有对不进行拍卖做出合情合理的解释。看来，要日本政府采用拍卖的方式分配频谱，还需假以时日。

＊　　＊　　＊

频谱拍卖的话题很有代表性，说到底拍卖不外乎是让每件商品"真正的经济价值"显现出来的机制。

买家能让拍卖的商品发挥多少作用呢？打算支付多少钱呢？这些都是分散在社会上的每个博弈者的个人信息。这些信息反映在出价上。将信息汇总，才能使经济价值以价格的形式呈现出来。

本书中多次将市场设计比作建筑，但是建筑物的设计和拍卖机制的设计有一个本质差别。

建筑设计，在画设计图的阶段就已相当明确最终建成的建筑物的形态及用途，在住宅施工阶段就确定了房间的布局和外观。建成之后，特定的家庭会在里面生活。

但是拍卖机制的设计却并不知道最终谁会获胜，会出现怎样的结果。这很正常，因为如果事先知道谁获胜的话就没有必要进行拍卖，一开始和这个人进行议价交易就可以了。

正因为事先无法知道结果，所以才需要进行拍卖。

"竞价"这个词，包含了竞争的意思。20世纪的代表经济学家之一、以批判社会主义计划经济非现实性而知名的弗里德里希·冯·哈耶克（Friedrich von Hayek），用"发现的手段"来表达竞争。比赛结果让人知道哪个足球队实力强，考试结果让人知道哪个学生认真学习了，拍卖和这些是一样的。

不仅仅是拍卖，市场设计的特征归根结底就在于制定规则。它设计的是规则，而不是结果。不像计划经济那样决定"多少钱卖给谁"，或是决定"用这个组合"。正因为这样决定结果不好，所以要设计出分权的机制。

18世纪亚当·斯密所研究的自由市场的功能，19世纪里昂·瓦尔拉斯所重视的作为技术的经济学，以及20世纪弗里德里希·冯·哈耶克评价为"发现的过程"的竞争……这些真知灼见都因市场设计这门知识在21世纪开花结果。

后　记

数月前，有出版社问我要不要写点东西。在我考虑期间，市场设计这个领域的研究获得了诺贝尔经济学奖。我想就借此机会以市场设计为题写本新书，于是写了计划书发过去，可是未被采纳。

收到回信时，心中万分不解。为转换一下心情，我离开研究室乘电梯到一楼去查看信箱，于是看到了筑摩书房的编辑桥本阳介的信。

我有很强的预感，这是一封要我针对市场设计写一本筑摩新书的委托信。打开信封一看，果不其然。

我心想："真是太好了！"一回到研究室，我马上致电桥本，告诉他我一定会写。于是就有了本书。

不仅是这一次，筑摩书房新书编辑部的桥本阳介工作一直非常专业，在此致以深深的谢意。

第一章的草稿是作为庆应义塾大学远程教育课程的夜间选修教材使用的，我在此感谢耐心听讲的各位学生。还要感谢为草稿做了很多注释的经济学系研讨课学生冈本实哲和池边畅平。

我的家人（万利代、文嘉、树）和爱犬（小淘气）虽然与本书没有直接关系，但他们都支持了我写作，或是受到了我写作的影响，也感谢你们日常的点点滴滴。作为父亲，我真不知道和狗一起生活花销这么大。

首次知道市场设计这个概念大概是10年前，当时我在美国著名的雪区罗彻斯特留学。当时，市场设计这个学术领域尚未确立，几乎连名称都不为人所知。近10年来，该领域迅速发展，甚至一下获得了诺贝尔经济学奖，社会关注度也在不断提高。

这个领域关注度的提高，和它容易发挥影响力、效果显著是分不开的。市场设计受到关注是好事，但是如果仅仅将它和"有影响力""有效果"联系在一起，就让人高兴不起来了。

因为，包含市场设计在内的所有"不知道有什么用"的领域，才是学术研究的基石。在TTC算法诞生之初，没有人想到这个算法能应用在肾脏移植中。防策略性的概念也是如此，其意义真正被理解也就是最近几年的事。

我希望，市场设计的理念能够在日本社会得到广泛应用，只是因为有趣而进行的基础研究也能够得到广泛尊重。

参考文献

第一章

相川厚．日本の臓器移植——現役腎移植医のジハード．東京：河出書房新社，2009．

秋田大学医学部付属病院泌尿器科．ハイリスク生体腎移植を受けられる患者さんへ（ＡＢＯ血液型不適合、抗ＨＬＡ抗体保有）．

石川暢夫, et al.．"自治医科大学附属病院におけるABO血液型不適合腎移植"．自治医科大学紀要31（2008）：31．

岩波祐子．"臓器移植の現状と今後の課題（１）法改正の背景と国際動向"．立法と調査298（2009）：36-52．

打田和治，渡井至彦，後藤憲彦．これを見ればすべてわかる腎移植2011Ｑ＆Ａ（NPO法人日本移植未来プロジェクト）．15-24，東京：東京医学社，2011．

高橋公太編集．ABO血液型不適合腎移植．東京：日本医学館，1991．

加藤俊一．ドナー交換腎移植に関する日本移植学会の見解．臨床透析，23-4，523-525．

厚生省保健医療局HP．http://www1.mhlw.go.jp/topics/bukyoku/hokeni-1.html．

参議院."第171回国会,参議院厚生労働委員会会議録第23号",30頁(2009年7月7日).

高橋公太編集.本邦における臓器分配のルールの現状と理想―公平・公正とは.東京:日本医学館,2007.

高橋公太編集.生体臓器移植の法的諸問題―法律は本当に必要なのか.東京:日本医学館,2008.

高橋公太編集.腎移植のすべて.東京:メジカルビュー社,2009.

高橋公太編集.移植医療と保険診療―移植患者外来管理料の創設に向けて.東京:日本医学館,2012.

高橋公太編集.変貌する腎移植―ABO血液型不適合臓器移植患者の輸血ガイドラインと先行的腎移植.東京:日本医学館,2012.

高橋公太,田中紘一編集.ABO血液型不適合移植の新戦略2011.東京:日本医学館,2012.

高橋公太、田中紘一編集.ABO血液型不適合移植の新戰略2012.東京:日本医学館,2012.

東京女子医科大学病院泌尿器科HP.http://www.twmu.ac.jp/KC/Urology/kidney/kidneytrans.html

中山太郎.国民的合意をめざした医療―臓器移植法の成立と改正までの25年.東京:はる書房,2011.

日本移植学会HP."ドナー交換腎移植に関する見解".http://www.

asas.or.jp/jst/news/news007.html

日本透析医学会HP. "わが国の慢性透析療法の現況". http://docs.jsdt.or.jp/overview/.

Abdulkadiroğlu, Atila, and Tayfun Sönmez. "House Allocation with Existing Tenants." *Journal of Economic Theory*, 88.2（1999）: 233-260.

Alexandre, Guy PJ. "From ABO‐Incompatible Human Kidney Transplantation to Xenotransplantation1." *Xenotransplantation*, 11.3（2004）: 233-236.

Ashlagi, Itai, et al.. "Nonsimultaneous Chains and Dominos in Kidney‐Paired Donation—Revisited." *American Journal of Transplantation*, 11.5（2011）: 984-994.

Ashlagi, Itai, et al. "Nead Chains in Transplantation." *American Journal of Transplantation*, 11.12（2011）: 2780-2781.

Ashlagi, Itai, and Alvin E. Roth. "New Challenges in Multihospital Kidney Exchange." *The American Economic Review*, 102.3（2012）: 354-359.

Ausubel, Lawrence M., and Thayer Morrill. Sequential Kidney Exchange. Working paper, NC State University, 2010.

Bradley, Wallis C., et al.. "Kidney Paired Donation." *Nephrology Dialysis Transplantation*, 26.7（2011）: 2091-2099.

Hanto, Ruthanne L., et al.. "The Evolution of a Successful Kidney

Paired Donation Program: 3354." *Transplantation*, 90(2010) : 940.

 http://kuznets.fas.harvard.edu/~aroth/papers/NEPKE.TTS%20eposterJune%202010.pdf.

 http://www.kidneymitzvah.com/.

 Mark Duell. "How One Man's Act of Kindness Saved THIRTY Lives: Man's Kidney Donation to a Stranger Sets Off Longest Ever Transplant Donor Chain". MAIL Online, 2012.

 http://www.dailymail.co.uk/news/article-2103862/From-Rick-Ruzzamenti-Donald-Terry-Worlds-longest-kidney-donor-chain-ending-30-transplants.html.

 Park, Kiil, et al.. "Exchange Donor Program in Kidney Transplantation 1." *Transplantation*, 67.2(1999) : 336-338.

 Park, Kiil, et al. . "Exchange Living-donor Kidney Transplantation: Diminution of Donor Organ Shortage." *Transplantation Proceedings*, Vol. 36. No. 10. Elsevier, 2004.

 Rees, Michael A., et al.. "Six Non-Simultaneous Extended Altruistic Donor(NEAD)Chains." *American Journal of Transplantation*, Vol. 10. USA: Wiley-Blackwell Publishing, 2010.

 http://scholar.harvard.edu/files/roth/files/rees.atc_.2009.neadchainposter-3.pdf.

Rees, M., et al.. "Seven Non-Simultaneous Extended Altruistic Donor (NEAD) Chains." http://kuznets.fas.harvard.edu/~aroth/papers/ATC.2010.NEADChainPoster.Reesfinal.pdf.

Rees, Michael A., et al.. "Call to Develop a Standard Acquisition Charge Model for Kidney Paired Donation." *American Journal of Transplantation*, 12.6 (2012): 1392-1397.

Roth, Alvin E.. "Incentive Compatibility in a Market with Indivisible Goods." *Economics Letters*, 9.2 (1982): 127-132.

Roth, Alvin E., and Andrew Postlewaite. "Weak versus Strong Domination in a Market with Indivisible Goods." *Journal of Mathematical Economics*, 4.2 (1977): 131-137.

Roth, Alvin E., Tayfun Sönmez, and M. Utku Ünver. "Kidney Exchange." *Quarterly Journal of Economics*, Vol.119-2, (2004): 457-488.

Roth, Alvin E., Tayfun Sönmez, and M. Utku Ünver. "Pairwise Kidney Exchange." *Journal of Economic Theory*, 125.2, (2005): 151-188.

Roth, Alvin E., Tayfun Sönmez, and M. Utku Ünver. "A Kidney Exchange Clearinghouse in New England." *American Economic Review*, (2005): 376-380.

Roth, A. E., T. Sönmez, and M. U. Ünver. "Kidney Paired Donation with

Compatible Pairs." *American Journal of Transplantation*, 8.2（2008）: 463-463.

Roth, A. E., T. Sönmez, and M. U. Ünver, F. L. Delmonico, and S. L. Saidman. "Utilizing List Exchange and Undirected Good Samaritan Donation through 'Chain' Paired Kidney Donations." *American Journal of Transplantation*, Vol. 6-11,（2006）:2694-2705.

Roth, Alvin E., Tayfun Sönmez, and M. Utku Ünver. "Efficient Kidney Exchange: Coincidence of Wants in Markets with Compatibility-based Preferences." *The American Economic Review*,（2007）: 828-851.

Rees, Michael A., et al. "A Monsimultaneous, Extended, Altruistic-donor Chain." *New England Journal of Medicine*, 360.11（2009）: 1096-1101.

Saidman, Susan L., et al.. "Increasing the Opportunity of Live Kidney Donation by Matching for Two-and Three-way Exchanges." *Transplantation*, 81.5（2006）: 773-782.

Shapley, Lloyd, and Herbert Scarf. "On Cores and Indivisibility." *Journal of Mathematical Economics*, 1.1（1974）: 23-37.

Takahashi, Kota, and Kazuhide Saito. "ABO-incompatible Kidney Trans plantation." *Transplantation Reviews*, 27.1（2013）: 1-8.

Takahashi, Kota, et al.. "Excellent Long- term Outcome of ABO-

Incompatible Lliving Donor Kidney Transplantation in Japan." *American Journal of Transplantation*, 4.7（2004）: 1089-1096.

The New York Times. "60 Lives, 30 Kidneys. All Linked" http://www.nytimes.com/2012/02/19/health/lives-forever-linked-through-kidney-transplant-chain-124.html?pagewanted~all&_r=0.

第二章

鎌田雄一郎, 小島武仁, 和光純."マッチング理論とその応用: 研修医の「地域偏在」とその解決策."医療経済研究, 23.1（2011）: 5-20.

安田洋祐. 学校選択制のデザイン―ゲーム理論アプローチ. 東京: NTT出版, 2009.

Abdulkadiroğlu, Atila, and Tayfun Sönmez. "School Choice: A Mechanism Design Approach." *The American Economic Review*, 93.3（2003）: 729-747.

Abdulkadiroğlu, Atila, et al.. "The Boston Public School Match." *American Economic Review*,（2005）: 368-371.

Abdulkadiroğlu, Atila, Parag A. Pathak, and Alvin E. Roth. "The New York City High School Match." *American Economic Review*,（2005）: 364-367.

Alcalde, José, and Salvador Barberà. "Top Dominance and the Possibility of Strategy-proof Stable Solutions to Matching Problems." *Economic Theory*, 4.3

(1994): 417-435.

Balinski, Michel, and Tayfun Sönmez. "A Tale of Two Mechanisms: Student Placement." *Journal of Economic Theory*, 84.1(1999): 73-94.

Dubins, Lester E., and David A. Freedman. "Machiavelli and the Gale-Shapley Algorithm." *The American Mathematical Monthly*, 88.7(1981): 485-494.

Gale, David, and Lloyd S. Shapley. "College Admissions and the Stability of Marriage." *The American Mathematical Monthly*, 69.1(1962): 9-15.

Hatfield, John William, Fuhito Kojima, and Yusuke Narita. "Promoting School Competition through School Choice: a Market Design Approach." Available at SSRN 1984876(2012).

Kamada, Yuichiro, and Fuhito Kojima. "Improving Efficiency in Matching Markets with Regional Caps: the Case of the Japan Residency Matching Program." Unpublished paper.[329](2011).

Knuth, Donald Ervin. *Mariages stables et leurs relations avec d'autres problèmes combinatoires: introduction à l'analyse mathématique des algorithmes*. Montréal: Presses de l'Université de Montréal, 1976.
英译: Knuth, Donald Ervin. Stable Marriage and its Relation to Other Combinatorial Problems: An Introduction to the Mathematical Analysis of Algorithms. Vol. 10. *American Mathematical Soc.*, 1997.

Roth, Alvin E. "The Economics of Matching: Stability and Incentives." *Mathematics of Operations Research*, 7.4(1982): 617–628.

Roth, Alvin E. "The Evolution of the Labor Market for Medical Interns and Residents: a Case Study in Game Theory." *The Journal of Political Economy*, (1984): 991–1016.

Roth, Alvin E. "Misrepresentation and Stability in the Marriage Problem." *Journal of Economic Theory*, 34.2(1984): 383–387.

Roth, Alvin E. "The College Admissions Problem is not Equivalent to the Marriage Problem." *Journal of Economic Theory*, 36.2(1985): 277–288.

Roth, Alvin E. "The Economist as Engineer: Game theory, Experimentation, and Computation as Tools for Design Economics." *Econometrica*, 70.4(2002): 1341–1378.

Roth, Alvin E. "Deferred Acceptance Algorithms: History, Theory, Practice, and Open Questions." *International Journal of Game Theory*, 36.3–4 (2008): 537–569.

Roth, Alvin E., and Elliott Peranson. *The Redesign of the Matching Market for American Physicians: Some Engineering Aspects of Economic Design*. No. w6963. National Bureau of Economic Research, 1999.

Roth, Alvin E., and Marilda A. Oliveira Sotomayor. *Two-sided Matching: A study in Game-theoretic Modeling and Analysis*. No. 18. Cambridge University

Press, 1992.

第三章

池田信夫.電波利権.東京:新潮社, 2006.

上田晃三."オークションの理論と実際:金融市場への応用."金融研究, 29.1(2010):47-90.

鬼木甫.電波資源のエコノミクス—米国の周波数オークション.神奈川:現代図書, 2002.

小山登美夫.その絵、いくら? 現代アートの相場がわかる.東京:講談社, 2008

砂田篤子.周波数とオークションをめぐる議論.調査と情報第750號, 2010.

"厚労省:研修医高給に歯止め年720万円以上補助金減額".毎日新聞, 2010年2月18日.

松島斉."4G 周波数オークション・ジャパン:Japanese Package Auction(JPA)設計案の骨子." 2012.

横尾真.オークション理論の基礎—ゲーム理論と情報科学の先端領域.東京:東京電機大學出版局, 2006.

Ausubel, Lawrence M.. "An Efficient Ascending-bid Auction for Multiple Objects." *American Economic Review*, (2004):1452-1475.

Bulow, Jeremy, and Paul Klemperer. Auctions vs. Negotiations. No. w4608. *National Bureau of Economic Research*, 1994.

Clarke, Edward H.. "Multipart Pricing of Public Goods." *Public Choice*, 11.1（1971）: 17–33.

Groves, Theodore. "Incentives in teams." Econometrica: *Journal of the Econometric Society*,（1973）: 617–631.

Federal Communications Commission HP.http://wireless.fcc.gov/auctions

Hayek, Friedrich August. "The use of knowledge in society." *The American Economic Review*,（1945）: 519–530.

Hayek, Friedrich August. *Der Wettbewerb als Entdeckungsverfahren*. Institut für Weltwirtschaft an der Universität, 1968.

（英译: Snow, Marcellus S. "Competition as a Discovery Procedure." *Quarterly Journal of Austrian Economics*, 5.3（2002）: 9–23.）

McMillan, John. *Reinventing the Bazaar: a Natural History of Markets*. W.W. Norton & Company, 2003.

Milgrom, Paul R., and Robert J. Weber. "A Theory of Auctions and Competitive Bidding." *Econometrica: Journal of the Econometric Society*,（1982）: 1089–1122.

Milgrom, Paul Robert. *Putting Auction Theory to Work*. Cambridge University Press, 2004.

Myerson, Roger B.. "Optimal Auction Design." *Mathematics of Operations Research*, 6.1(1981) : 58–73.

Riley, John G., and William F. Samuelson. "Optimal Auctions." *The American Economic Review*, 71.3(1981) : 381–392.

Robinson, Marc S.. "Collusion and the Choice of Auction." *The RAND Journal of Economics*, (1985) : 141–145.

Sakai, Toyotaka. "An Equity Characterization of Second Price Auctions When Preferences May Not Be Quasilinear." *Review of Economic Design*, 17.1 (2013) : 17–26.

Vickrey, William. "Counterspeculation, Auctions, and Competitive Sealed Tenders." *The Journal of Finance*, 16.1(1961) : 8–37.

Vickrey, William. "Auctions and Bidding games." *Recent Advances in Game Theory*, 29(1962) : 15–27.

出版后记

一切经济问题都源自资源的稀缺性。如何使稀缺的资源得到合理的配置，是经济学家需要考虑的基本问题。一般商品市场中，价格决定分配——谁买得起，谁就能得到它。但市场并不等同于价格。也存在价格机制受限的市场，没有或不允许有价格。最典型的就是教育和医疗市场，不能由价格来主导资源的分配。出于道德或是公平方面的考虑，我们不能接受用钱来决定谁得到捐献的器官，谁上哪所学校。那么应该怎样决定器官和教育机会这类"稀缺资源"的分配呢？此外，还存在艺术品和经营执照这样的东西，其市场行情不好把握，因此也很难定价。这时候就需要考虑通过特殊的方式决定其归属。

针对上述几种情况，摆在经济学家面前的难题就是要找到一种方法，将特定的物品交到最合适的人的手上。无视市场参与者的意愿强行指派显然会使分配效率低下，分配结果也难以维持——私下交易、转卖、违约层出不穷，市场失序。因此，更好的选择是设计出合理的"游戏规则"，让参与者真实地表达自己的意愿，进而导出最有效率的分配结果。2012年，美国经济学家阿尔文·E·罗斯（Alvin E. Roth）和罗伊德·S·沙普利（Lloyd S. Shapley）因其"稳定匹配理论和市场设计中的实践"获得诺贝尔经济学奖。

本书分为三个部分，依次透析了单边匹配、双边匹配和拍卖问题的内在逻辑。单边匹配问题可简化为"人与物"的匹配，只涉及"人"一方的意愿表达。采用合适的算法改变匹配组合可以提高参与者的幸福度。在双边匹配问题中，参与者双方都对对方有偏好，如何实现"两情相悦"，保证匹配的稳定性是规则设计的关键。拍卖，是通过直接的金钱转移来决定物品的分配。采用何种拍卖方式，才能使标的物的经济价值显现出来？哪种拍卖对卖方更有利？这些都是经济学家试图解决的问题。

作者用简明易懂的剖析直指每种市场的关键。本书通过一个个例子，引领读者沿着"市场设计师"的思路，一步步发现问题、解决问题。沉浸其中，你会惊讶于看上去如此"简单"的方法竟然能够散发出如此大的能量，同时也一定会为经济学家思维的层次感与创造力所折服。

服务热线：133-6631-2326　　188-1142-1266

读者信箱：reader@hinabook.com

后浪出版公司

2016年7月

图书在版编目（CIP）数据

合适：从升学择校、相亲配对、牌照拍卖了解新兴实用经济学 /（日）坂井丰贵著；蔡晓智译. — 南昌：江西人民出版社，2016.11（2017.1重印）

ISBN 978-7-210-08768-7

Ⅰ.①合… Ⅱ.①坂… ②蔡… Ⅲ.①市场经济学—通俗读物 Ⅳ.①F014.3-49

中国版本图书馆CIP数据核字(2016)第214095号

MARKET DESIGN
Copyright © 2013 by Toyotaka SAKAI
First published in Japan in 2013 by CHIKUMASHOBO LTD.
Simplified Chinese translation rights arranged with CHIKUMASHOBO LTD.
through Japan Foreign-Rights Centre/ Bardon Chinese Media Agency

版权登记号：14-2016-0268

合适：从升学择校、相亲配对、牌照拍卖了解新兴实用经济学

著者：[日]坂井丰贵
译者：蔡晓智
责任编辑：徐旻
出版发行：江西人民出版社　印刷：北京天宇万达印刷有限公司
889毫米×1194毫米　1/32　5.25印张　字数90千字
2016年11月第1版　2017年1月第3次印刷
ISBN 978-7-210-08768-7
定价：38.00元
赣版权登字-01-2016-543

后浪出版咨询(北京)有限责任公司　常年法律顾问：北京大成律师事务所
周天晖　copyright@hinabook.com

未经许可，不得以任何方式复制或抄袭本书部分或全部内容
版权所有，侵权必究
如有质量问题，请寄回印厂调换。联系电话：010-64010019